MÉMOIRE
SUR
L'ANCIENNETÉ
D'ARLES.

MÉMOIRE
SUR
L'ANCIENNETÉ D'ARLES,

Suivi d'Observations sur la formation des Marais voisins de cette Ville, & sur un Passage de l'Histoire d'Ammien-Marcellin.

PAR M. ANIBERT,

Des Académies de Nismes & de Marseille, Correspondant de l'Académie Royale des Inscriptions & Belles-Lettres.

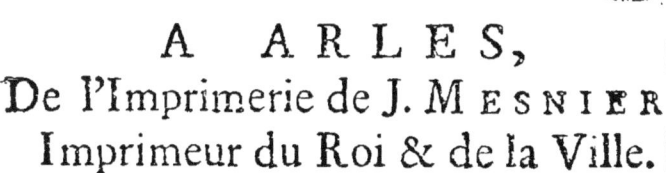

A ARLES,
De l'Imprimerie de J. MESNIER
Imprimeur du Roi & de la Ville.

AVEC PERMISSION.
M. DCC. LXXXII.

A MESSIEURS,

M. JOSEPH-DENIS DE BARRAS, Chevalier, Seigneur de Fos & de Lançac.

M. AMBROISE VINCENS, Bourgeois.

M. ANDRÉ JAUBERT, Marchand Droguiste.

Consuls-Gouverneurs, Lieutenans Généraux de Police de la Ville d'Arles, Seigneurs de Trinquetaille.

MESSIEURS,

EN consacrant mes loisirs à la Patrie, il m'est infiniment prétieux de désigner à la génération à venir

a iij

les noms des Magistrats qui doivent lui servir de modéle. La bonté, l'affabilité caractérisent votre administration, & les cœurs des Citoyens, qui voloient audevant de vous à l'instant où vous fûtes proclamés, vous resteront attachés après même que vous aurès dépouillé les marques de votre dignité.

Oui, Messieurs, la voix publique vous compte déjà dans le petit nombre de ceux en faveur de qui l'on desireroit que nos Loix eussent prolongé le temps du Gouvernement, ou abrégé l'intervalle pendant lequel il ne nous sera pas permis de vous y appeller de nouveau.

Par les larmes qui ont généralement coulé à la mort du digne Collégue qui vous étoit associé (a) vous

---

(a) M. Alexandre Faſſin, Avocat au Parlement, second Consul, mort le 3 Avril 1782, pendant son troisiéme Consulat.

avés dû juger de ce que peuvent des sentiments dont la source vous est commune.

On est bien sûr que vous saurés réparer cette perte; mais les circonstances qui l'ont accompagnée exigent que vous ne la laissiés pas inutile au bien public. Heureux si je puis moi-même mériter la confiance dont mes Concitoyens m'ont honoré, en me choisissant pour un de vos coopérateurs dans cette partie de vos fonctions.

Je suis avec respect,

MESSIEURS,

Votre très-humble & très-obéissant serviteur.
ANIBERT.

LETTRE
DE L'AUTEUR

A Un de ses Confréres des Académies de Nismes & de Marseille. (a)

Quoique bien convaincu, Monsieur, que des divers avantages d'une Ville le plus chimérique est l'antiquité; j'ai cru que ces sortes de discutions n'étoient point à négliger, lorsqu'elles tiennent aux origines nationales & aux mœurs primitives des Peuples.

Avant de recueillir les matériaux & d'approfondir les idées, dont j'ai depuis composé mon *Mémoire sur l'Ancienneté d'Arles*,

---

(*a*) M. Paris, Docteur en Médecine, Membre de plusieurs Académies & Compatriote de l'Auteur.

j'avois une peine infinie à me perſuader que des étrangers euſſent formé un établiſſement dans un Pays avant les Naturels de ce Pays même.

Je ne doute point que la civiliſation ne ſe ſoit opérée par des gradations que les circonſtances ont plus ou moins accélérées ; mais le principe en eſt dans la nature. Ses commencemens ſont antérieurs de beaucoup à tous les monumens de l'Hiſtoire.

Deux choſes, entr'autres, doivent être auſſi anciennes que le genre humain, le langage & la néceſſité de vivre en ſociété, d'où s'enſuit l'habitude de loger enſemble, ou du moins d'habiter les uns près des autres.

Dès que l'on a connu l'art de conſtruire des cabanes, & cet art date de fort loin, on en a formé des amas plus ou moins conſidérables, ſuivant l'état de la population. Ce n'étoient pas proprement des Villes ; mais c'en étoit l'équivalent pour le temps ; & c'eſt delà que les Villes ont pris naiſſance.

Les Peuples des régions tempérées ont

été plutôt sédentaires que ceux des Contrées septentrionales, & la raison en est sensible. Aussi tous les monumens qui nous restent sur les nations vraiment nomades ne concernent-ils que celles du nord ou du midi. Ce n'est que sur des analogies bien équivoques que quelques Auteurs en ont fait l'application à celles dont je viens de parler.

Qu'on appelle *Ville* ou *Bourgade* l'assemblage des habitations de ces dernieres, il a dû en exister de très-bonne heure dans ce que nous appellons maintenant la Provence & le Languedoc.

Assigner l'époque de leur fondation, c'est impossible. Mais chaque Peuplade avoit un Bourg principal, qui devoit être aussi ancien que la formation ou la fixation de la Peuplade même, & dont le district étoit plus ou moins étendu, selon les forces de la nation.

Si à une époque donnée, il conste que le territoire de telle ou telle Ville étoit enclavé de toutes parts dans celui de telle autre; si en remontant plus haut on découvre que cette enclave a été réellement démembrée du diſtrict qui l'entoure, l'antériorité de limitation du territoire ne décide-t-elle pas de la préexiſtence de la Ville ?

Telle eſt à peu près la baſe de mon ſyſtême ſur l'ancienneté de notre Patrie. J'en avois d'abord conçu la plus grande partie, ſans en projetter la publication. Je n'avois même conſulté dans le principe que les loix du raiſonnement & l'inſtinct que chacun de nous retrouve en ſoi-même, de préférence à ces Auteurs, chez leſquels on pourroit exiger plus de lumieres, de critique & d'authenticité.

La lecture du Mémoire de feu M. l'Abbé Aillaud, que vous me procurâtes, m'inſpira la penſée d'éclaircir en ce point l'Hiſtoire de notre Ville. Je vis avec ſurpriſe que cet Académicien, peu content des preuves qui établiſſent ſi clairement, ſi certainement l'ancienneté de Marſeille, entreprit, quoi qu'il en coûtât, de l'ériger en privilége excluſif.

La reflexion & la vérification des autorités dont il s'étaye par rapport à Arles, à la barbarie de nos Ancêtres, me découvrirent bientôt que ſes argumens ne portent pour la plûpart que ſur l'abus de l'érudition & des preuves négatives. Je reconnus entr'autres, qu'il avoit donné dans le piége commun à tous les Hiſtoriens, non-ſeulement Marſeillois, mais Provençaux, de regarder la fondation de Marſeille comme la premiere époque des navigations des Grecs dans notre Pays; préjugé peu avantageux à l'exactitude & à la profondeur de leurs recherches.

Il faut convenir cependant que cet ouvrage n'eſt pas ſans mérite. Il en a même aſſez pour faire préſumer que les erreurs de l'Auteur ſont plutôt la faute de la volonté que du jugement ; & il n'eſt par-là que plus dangereux pour cette claſſe de Lecteurs qui ne juge des objets que par la ſuperficie.

En banniſſant avec ſcrupule toute application de cette derniere reflexion, je ſuis perſuadé, par exemple, que le vernis de la diſsertation de M. Aillaud a engagé M. Papon, moderne Historien de Provence, à y puiser plusieurs idées, telles que l'étymologie du nom de Marseille, la prétendue fondation d'Arles après l'expédition de Marius en Provence, & cette assertion, plus fausse encore que hardie, que s'il reste quelque ancien monument dans notre Ville, c'est que nous n'avons eu besoin ni du local ni des pierres pour bâtir.

J'aurois un regret extrême d'avoir fait autrefois la guerre en propre à M. Papon sur ces deux derniers articles, s'il n'avoit lui-même justifié mon procédé en supprimant par tout le nom du véritable Auteur. Vous savés, Monsieur, mieux que personne que je n'ai connu le Mémoire de M. Aillaud qu'après la publication de mes Mémoires sur la Republique d'Arles, & conséquemment après celle de l'Histoire & du Voyage Littéraire de Provence. Il ne me reste qu'à plaindre ces Écrivains dont l'obscurité semble encourager l'ingratitude de ceux qui viennent après eux.

Quoiqu'il en foit, je deftine le Mémoire fur l'*Ancienneté d'Arles* à fervir de Difcours préliminaire à des Effais fur l'Hiftoire de cette Ville depuis fa fondation jufqu'à une époque fur laquelle je me flatte de n'avoir pas laiffé grand-chofe à defirer.

Des occupations particulieres & plus preffantes m'ont obligé de fufpendre cette entreprife; mais dans une circonftance où le Ciel a placé à la tête de l'adminiftration de notre Patrie un Citoyen chéri de tous, (*M. de Barras*) il ne m'étoit pas poffible de contenir en moi-même des fentiments fortifiés par une amitié formée dès notre plus tendre jeuneffe.

Vous la partagés, cette amitié, Mon cher Confrére, & je me félicite de rendre en cette lettre, comme dans l'Épître dédicatoire de ce petit Recueil, un hommage public à des nœuds tiffus prefque dans le berceau, & que je tâcherai de refferrer & de prolonger jufqu'à la tombe.

On m'avoit fourdement accufé d'imputer à M. Papon des abfurdités qui ne lui étoient

xvj

point échappées. Le defir de me juftifier m'engagea d'écrire des *Obfervations fur la formation des Marais des environs d'Arles.* Si l'on a encore quelque chofe à me reprocher à l'égard de notre moderne Hiftoriographe, ce n'eft, je crois, que d'avoir attaché un peu trop d'importance à fes opinions.

Les reflexions, que fournit fur l'ancienne Géographie de nos Côtes & fur l'Hiftoire naturelle du cours du rhône, la comparaifon d'un paffage d'Ammien Marcellin avec l'itinéraire maritime d'Antonin, m'ont dicté l'écrit qui termine ce Recueil. Il n'eft point étranger aux deux précédens, & tous trois ont enfemble des rapports qui ne permettoient gueres de les publier féparément fans rompre, pour ainfi dire, la chaine des preuves qui en réfultent.

Les devoirs de votre profeffion, heureufement fecondés par vos talens, rendent, Mon très-cher Ami, vos ouvrages plus importans, plus généralement utiles. Mais dans le cercle étroit où je fuis borné, je m'efforce de m'acquitter de mon mieux du

tribut

tribut que nous devons tous à la Patrie.

Persuadé d'ailleurs, par une foule d'exemples, que l'inexactitude est le défaut presque général des Écrivains qui, embrassant des plans trop vastes, ne peuvent connoître par eux-mêmes tout ce dont ils sont obligés de parler; je me suis astraint à des matieres purement locales & dont toutes les preuves sont, pour ainsi dire, réunies sous mes yeux. Dans les genres auxquels je me suis adonné, la vérité est le premier de tous les mérites; & dans quel que ce soit, un Auteur est toujours estimable lorsqu'il ne reste point au-dessous de son sujet.

Ceci pourroit nous conduire à des détails peut-être trop délicats. J'en laisse le développement & l'application à votre sagacité; & à votre cœur, le soin de suppléer ici les assurances des sentimens avec lesquels je suis

    Monsieur   Votre très-affectionné
                     serviteur & Confrére
                        ANIBERT.

Arles 2 Mai 1782.

P. S. A l'inftant où j'allois vous envoyer cette lettre, je reçois le premier Tome de *l'Hiftoire Naturelle de Provence* par M. Darluc. Je ne doute point que cet ouvrage ne foit eftimable à bien des égards. Mais je defirerois plus d'exactitude dans la plûpart des obfervations que l'Auteur a faites fur Arles, foit comme Naturalifte, foit comme Médecin, ou comme fimple Voyageur.

Le *Poft-fcriptum*, où il tâche d'adoucir ce qu'il a dit de l'infalubrité de notre climat dans le corps de l'Hiftoire, me paroît un correctif infuffifant, tant par la place qu'il occupe, que par la maniere dont il eft conçu, des affertions de cette importance, lorfqu'elles font fauffes, ne *décréditent* point le Pays qu'elles concernent, mais le Livre qui les renferme.

Sans être Médecin, je fais qu'en Médecine rien n'eft moins trompeur que l'expérience. Or il eft peu de Pays en France où les Épidémies, & en général toute forte de maladies malignes foient plus rares qu'à Arles, malgré la chaine de marais qui avoifine la Ville du côté du levant.

Quelle que foit ici la caufe qui rend nulle l'influence ordinaire d'un pareil voifinage, le fait eft inconteftable; & M. Darluc ne doit point ignorer que dans votre profeffion les faits font des réalités; les caufes, de fimples conjectures; & les apparences, des piéges fouvent très-dangéreux.

Voilà pourtant dans un court intervalle deux Écrivains Provençaux, qui ayant oüi parler des marais d'Arles, ou les ayant vus en paffant, fe hâtent de configner fur le papier que *le climat de cette Ville eft peftilentiel, que l'air y dévore les Habitans* &c. &c. fans prendre la peine de confulter l'expérience..... Eft-il poffible que l'on écrive ainfi l'Hiftoire dans le dix-huitiéme fiécle; dans un temps où l'efprit d'obfervation femble dominer fur tout?

Je ne tairai point qu'un préjugé affez ancien s'accorde à cet égard avec le rapport de MM. Papon & Darluc. Mais croyès-vous que l'on eût bonne grace d'alléguer des préjugés, lorsque tout conspire à les combattre & à les anéantir? Vous ne serés pas fâché sans doute que je remonte à la source de celui dont il s'agit.

Dans le cours de mes recherches sur l'Histoire d'Arles, je ne me suis point apperçu qu'au douziéme, au treiziéme, ni même au quatorziéme siécles on éprouvât en cette Ville aucune influence pernicieuse de la proximité des marais.

Dans le quinziéme siécle, les épidémies commencent à devenir fréquentes. Elles le sont encore d'avantage dans le seiziéme. Les Annales de la Ville, & les Délibérations du Conseil Municipal en fournissent la preuve. On y voit entr'autres qu'un des accès de ces sortes de maladies populaires, auxquelles on donnoit alors le nom général de *Peste*, dura presque sans relâche depuis l'année 1521. jusqu'en 1532. inclusivement.

Elles reparoissent à diverses reprises dans le courant du même siécle. Aussi François

Valériole Médecin d'Arles, assez célébre en temps là & dont il nous est resté quelques écrits, s'exprime-t-il à peu près comme MM. Darluc & Papon touchant le climat de notre Ville. Jugés quelle réputation il dût en résulter pour le Pays dans tous les environs !

Cependant, soit par les desséchemens entrepris vers l'an 1640, soit par des variations purement naturelles, tout a changé de face depuis le milieu du dernier siécle. Dèslors les épidémies n'ont pas été plus fréquentes ici qu'ailleurs ; & il n'existe d'autre trace de nos anciennes calamités qu'une prévention enracinée dans la tête de nos voisins.

Combien n'ai-je pas vu d'Étrangers ne venir qu'en tremblant habiter dans Arles, où ils étoient appellés par leurs affaires ou par leur devoir, & reconnoître avec joie, après quelques années de séjour, que jamais crainte n'avoit été plus mal fondée que la leur ?

Il est difficile néanmoins de détruire de vieilles opinions parmi le vulgaire, ou chez des hommes qui n'ont point vérifié la chose par eux-mêmes, & c'est malheureusement dans ces sources que MM. Papon & Darluc ont puisé leurs instructions.

Après avoir assigné les divers changemens arrivés, par la succession des temps, dans la qualité de l'air de notre Patrie, je devrois peut-être abandonner aux Naturalistes de profession le soin d'en rechercher & d'en fixer la véritable cause.

Mais, je l'ai déjà fait entendre, les causes, dans toutes les branches de la physique, ne sont que des conjectures tirées d'une suite de faits avérés ; & par le genre d'étude, auquel je me suis adonné, je puis me flatter que mes Observations ne seront pas inutiles à des savants qui, quoique plus habiles d'ailleurs, n'auroient pas les mêmes connoissances locales.

Dans ma Dissertation historique sur la Montagne de Cordes j'ai prouvé que dans le dixiéme & le treiziéme siécles, cette colline, ainsi que celle de Montmajour qui en est voisine, portoient toutes deux le nom d'*Isles*; & qu'au commencement du quinziéme siécle on ne pouvoit encore y aborder qu'en bateau. (*pag.* 40. *& suiv.*) M. Darluc a cité à ce propos ma Dissertation dans son Histoire Naturelle, *Tome premier, pag.* 255.

Il résulte delà que le volume d'eau renfermé alors dans nos marais avoit constamment assez de profondeur, non-seulement pour porter de légers navires, mais encore pour s'agiter au souffle des vents, qui regnent assez fréquemment dans notre Pays, de maniere à prévenir la stagnation totale & la putréfaction qui en est le résultat. Les vapeurs qui s'en exhaloient ne pouvoient donc être bien meurtrieres.

Mais lorsque par le concours de plusieurs causes (telles que les innondations du rhône & les dépôts que les eaux du fleuve laissent durant leur séjour, les détrimens des végétaux qui s'ammoncélent en se décomposant, la poussiere même que les vents entrainent) le sol des marais fut parvenu à une certaine élévation, les eaux diminuérent. Ce vaste local fut entiérement couvert, pendant la plus grande partie de l'année, d'une bourbe profonde & fétide, & l'on ne tarda guère à en éprouver les funestes effets.

Depuis le milieu du siécle passé, l'action continuelle des causes ci-devant observées, jointes aux ouvrages entrepris pour les desséchemens, laissant le plus souvent à sec les marais du N. E. de l'E. & du S. E. de la Ville, il a dû s'opérer une nouvelle revolution très-avantageuse à la santé des Citoyens; & c'est ce qu'une longue expérience justifie.

Au surplus, il ne faut point perdre de vue ce que j'ai remarqué dans la troisiéme Partie de mes Mémoires sur la Republique d'Arles, (*pag.* 445.) que la fréquence des des vents, qui circulent librement dans notre vaste plaine, dépure l'air en l'agitant dans tous les sens. Les vapeurs, qui peuvent s'exhaler encore de nos marais, n'étant plus en auffi grande quantité qu'au quinziéme & au feiziéme fiécles, s'atténuent & fe diffipent affez facilement. Elles ne laiffent guères appercevoir leurs impréffions malfaifantes que dans les habitations champêtres bâties fur les bords ou dans le fein des terreins marécageux.

Des Écrivains exacts n'auroient pas laiffé échapper ces confidérations. Ce n'eft point fur un indice unique que l'on doit juger des climats & des tempérammens ; il faut en raprocher, en combiner les qualités différentes, & favoir en faifir les modifications.

Il eft pourtant de la prudence de nos Compatriotes de veiller, foit par l'entretien des canaux de deffechement, foit par d'autres moyens, s'il en eft, à ce que ces marais ne puiffent redevenir ce qu'ils étoient il y a deux ou trois fiécles. Car s'il alloit encore fe faire que la force des vents fût infuffifante pour contrebalancer la maffe des exhalaifons putrides, il feroit à craindre que MM. Papon & Darluc n'euffent dit la vérité par anticipation.

xxvj

J'invite vos Confréres d'Arles, je vous exhorte vous-même à étendre & à rectifier, s'il eſt nécéſſaire, des idées auxquelles il ne manque peut-être que d'être préſentées ſous une face plus conforme à des principes que votre état vous met à portée de connoître mieux que moi. Mais de quelque manière qu'on les expoſe, il eſt impoſſible de rien ajouter à la vérité d'un fait appuyé ſur la notoriété publique.

MÉMOIRE
SUR
L'ANCIENNETÉ D'ARLES.

Græcorum annalibus ignotus, qui sua tantum mirantur. Tacit. annal. libr. 2, cap. ult.

D E toutes les villes Cisalpines (*a*), Marseille a, sans contredit, l'origine la mieux connue. Les Grecs, ses Fondateurs, furent les premiers en

---

(*a*) Ce mot est employé ici à l'inverse du sens qu'on lui donnoit à Rome, c'est-à-dire, relativement à notre position.

A

Europe à cultiver les Lettres, à écrire l'histoire. Il étoit naturel qu'ils conservassent la mémoire du principal établissement qu'ils eussent jamais fait en occident.

Mais si la seule Ville de Phocée contribua, comme tous les monumens l'attestent, à la fondation de la Colonie, il est à croire qu'humble & foible dans ses commencemens, elle ne différoit gueres des bourgades Celtiques dont elle étoit environnée. Ne perdons point de vue que les Grecs s'introduisirent dans nos Contrées à la faveur de l'hospitalité gauloise, & non les armes à la main. [a]

L'établissement prit de la consistance à la longue, bien moins par ses forces intrinséques que par les relations qu'on avoit conservées avec

---

(a) Plutarque, vie de Solon, chap. 2; Athenée, d'après Aristote, lib. 13, cap. 5. & Justin. lib. 43, cap. 3.

la mere patrie. Les troubles de la Grece & de l'Asie mineure, pendant la guerre des Perses rendirent les migrations plus fréquentes & plus nombreuses (*a*). Le petit territoire accordé d'abord aux Marseillois devint bientôt insuffisant ; ils envoyerent des Colonies sur les Côtes voisines.

Strabon les nomme presque toutes, (*b*) & la Ville d'Arles jouissoit, du tems de ce Géographe, d'une assez belle réputation par son commerce

---

(*a*) Dans une Dissertation publiée en 1744, M. Cari a fixé l'époque de la fondation de Marseille à la premiere année de la quarante-cinquiéme Olympiade, soixante ans avant l'expédition d'Harpagus Lieutenant de Cyrus, durant laquelle tous les habitans de Phocée abandonnerent leur patrie. M. Rollin a confondu ces deux événemens dans son Histoire ancienne, tom. 9, pag. 232. Cependant on ne peut nier que le second n'ait renforcé la Colonie au point d'être en quelque sorte une seconde fondation

(*b*) Strabon, libr. 4.

(*a*) pourqu'un écrivain, grec d'origine, & très-exact à recueillir les moindres faits relatifs aux Marseillois, ne l'eut point omise dans cette énumération, s'il avoit pu l'y comprendre.

Le silence que garde sur Arles Etienne de Bizance, autre annotateur fidele des Colonies de Marseille, rend l'observation encore plus concluante. (*b*)

Festus Avienus, vivant dans le quatriéme siecle de l'ere chrétienne, termine une longue description du cours du rhône, en ces termes :

Patulasque arenas quinque sulcat ostiis.
Arelatus illic civitas attollitur

(*a*) *Ad rhodanum verò Urbs est & emporium haud exiguum Arelata.* Strab. libr. 4. traduct. de Casaubon.

(*b*) Stephan. Bizant. *Lexicon de Urbibus.*

Theline vocata sub priore sæculo,
Graio incolente. [a]

Il n'y a nul doute en effet que le commerce n'eût attiré dans Arles une foule de familles grecques, non-seulement de Marseille, mais encore de la Grece proprement dite. Plusieurs inscriptions de nos anciens cimetières portent de noms grecs, quoiqu'écricrites en caractères romains. Du tems de Saint Cesaire Évêque d'Arles au sixiéme siecle il étoit d'usage en cette Ville de célébrer l'Office Divin en grec & en latin.

Mais plus cette nation fréquentoit nôtre Ville, mieux elle en connoissoit l'heureuse situation & l'opulence, plus elle devoit être tentée de révendiquer l'honneur de l'avoir fondée, si la prétention avoit eu la moindre

___

(*a*) Dans le Poëme géographique intitulé : *Ora maritima* vers. 680. & seq.

vraisemblance. Nul ancien peuple ne fut si soigneux de conserver le souvenir des actions de ses peres, ni si adroit à l'amplifier, à l'embellir par les ressources que lui fournissoit une imagination vive & féconde en fictions. (*a*)

Quant aux vers de Festus Avienus, ils ne signifient pas autre chose sinon que les Grecs habitans à Arles *dès la plus haute antiquité*, avoient donné à cette Ville un surnom qui dans leur langue signifie *mammelle* & par lequel ils exprimoient à la fois, la fertilité du terroir & l'abondance des denrées nécessaires à la vie qu'on trouvoit dans cet entrepôt principal du commerce intérieur de la Gaule.

___

(*a*) La reflexion de Tacite au sujet d'Arminius le héros des Germains, caractérise bien la nation Grecque, & la maniere dont elle faisoit valoir ses propres ouvrages. Voy. *l'Epigraphe de ce Mémoire.*

Mais le peu de fortune de cette maniere de sobriquet prouve bien que ce n'étoit pas le nom primitif & dominant de la Cité. On n'en a que ce seul exemple.

Par les mêmes raisons qui nous empêchent de compter Arles au nombre des Villes grecques, nous ne saurions le placer parmi celles que les Romains ont bâties en deçà des Alpes.

La fondation d'une nouvelle Ville est un événement dont l'importance n'échapa jamais aux Historiens de ce dernier peuple, non plus qu'à ceux du premier. Ils nous ont transmis l'époque de celle de Lyon & de celle d'Aix; & dès la fin de la Republique, Arles étoit assez considérable pour qu'en pareil cas on ne dût pas le laisser dans l'oubli.

L'attention qu'a eu Suetone de ne désigner que cette Ville & Narbonne parmi toutes les Colonies que Jules-

César établit dans la Gaule, n'est-elle pas une preuve du rang distingué qu'Arles tenoit dès-lors dans le Pays? [a]

Si nous remontons au premier monument historique où il soit fait mention d'Arles, c'est-à-dire, au livre premier des Commentaires de César sur la guerre civile, nous voyons que tandis que son armée assiégeoit Marseille, ce Général fit construire à Arles douze vaisseaux de guerre [*naves longæ*] qui furent prêts & armés dans trente jours.

A la maniere dont l'Historien expose le fait, il paroît que les soldats, déjà occupés aux travaux du siege, ne purent être employés à la cons-

---

(a) *Ad deducendas in Galliam Colonias in quels Narbo & Arelate erant*, (Pater Tiberii Imperatoris) *Missus est*. Sueton. Tranquil. in vit. Tiber. cap. 4.

truction des navires. Les ouvriers ou du moins la plus grande partie, furent donc pris parmi les habitans d'Arles; & ceci suppose la population & toutes les reſſources d'une grande Ville. Il ne faut pas s'étonner ſi, peu après les guerres civiles, le Dictateur lui-même, connoiſſant l'importance du poſte, y envoya une Colonie, & ſi cet établiſſement fut compté comme nous venons de le voir, pour un des principaux qu'il eût fait dans nos contrées.

Les deux paſſages de Ceſar & de Suetone raprochés démontrent qu'Arles exiſtoit avant d'être érigé en Colonie romaine. Or il étoit bien rare que ce Peuple n'accordât cet honneur à une Ville dès l'inſtant de ſa fondation, s'il reconnoiſſoit celle-ci pour ſon ouvrage.

Que ſi par haſard on alloit ſoupçonner que l'envoi des Colons ſous la

Dictature de Jules-Cefar ne fut à Arles ainfi qu'à Narbonne qu'un renouvellement ou un fupplément de Colonie, j'oppoferois les reflexions fuivantes.

1°. La Colonie d'Arles n'eut jamais d'autre prénom que celui de *Julia*, auquel on ajouta dans la fuite l'épithete *Paterna* [a] pour la diftinguer de celles qui ne furent fondées que fous Augufte. Narbonne, au contraire, la plus ancienne de toutes les Colonies romaines dans les Gaules, conferva toujours le furnom de *Marcius*, qu'elle avoit reçu lors de fon inftitution.

2°. On tenoit pour Maxime à Rome que tant qu'une 1re. Colonie fubfiftoit dans une Ville, on ne pouvoit

---

(a) C'eft ainfi, entr'autres que cette Colonie eft qualifiée dans l'importante infcription de Garguiés, dont nous parlerons ci-après.

regulierement y en établir une seconde, mais seulement envoyer quelques nouveaux Colons pour recruter les anciens. [a] Dans l'un & l'autre cas on ne laissoit jamais perdre la mémoire de la premiere fondation; c'est ce que l'on découvre au moyen des prénoms & des surnoms, & ce qui distingue l'envoi fait par Jules-Cesar à Arles & à Narbonne. [b]

Ce n'est donc qu'aux naturels de

(a) On intéressoit à cela la superstition des auspices. Voy. la deuxiéme Philippique de Ciceron, où il paroît que Marc-Antoine fut le premier à enfreindre cette regle.

(b) On voit de même qu'Aix a toujours porté le nom de *Sextius*, quoique ce Consul n'en eut fait d'abord qu'un simple camp fortifié (voy. Solin, cap. 8.) Auguste fut le vrai fondateur de la Colonie qui prit en conséquence le prénom de *Julia Augusta*. L'exactitude avec laquelle les Auteurs Latins nous ont instruits des divers accroissemens de cette Ville justifie les inductions que j'ai tirées de leur silence par rapport à Arles.

l'ancienne Gaule, aux Celtes eux-mêmes que nous pouvons attribuer la fondation d'Arles. L'étymologie du nom de cette Ville, tirée des deux mots de la langue Celtique AR & LAIT qui signifient *auprès* ou *sur le bord des eaux,* [a] offre à cet égard une présomption d'autant plus décisive, que les diverses racines de ce même nom cherchées dans le grec & dans le latin sont toutes gauches & ridicules.

Il est vrai que les preuves étymologiques ne sont pas du goût de tout le monde. Ce sont pourtant les monu-

---

(a) Voy. Cambden *in Britannia*, & la vie de Peyresc par Gassendi, pag. 89. L'Auteur de cette derniere s'est servi du mot *Uliginosus*, qui lui parut sans doute plus convénable à l'état des choses pour le tems où il écrivoit; mais les révolutions & le changement du local dans une longue suite de siecles, rendent mon explication beaucoup plus juste.

mens les plus autenthiques sur les antiquités des peuples qui ne nous en ont point laissé d'autres; & sans compter que la situation d'Arles, au bord du rhône, au voisinage des étangs transformés depuis en marais & dans un éloignement de la mer beaucoup moindre anciennement qu'aujourd'hui, s'accorde à merveille avec cette explication, une tradition très-ancienne vient l'appuyer.

Isidore de Séville écrivoit dans le sixiéme siecle du Christianisme que Narbonne, Arles & Poitiers avoient été fondées par les naturels du Pays où ces trois Villes sont situées. [a]

A la fin du huitiéme siecle, Theodulphe, Évêque d'Orléans, envoyé

(a) *Narbonam, Arelatum & Pictavium Coloni proprii condiderunt.* Isidor. Hispalens. Episc. origin. seù etymolog. lib. 15, cap. 1. de Civitatibus.

en 798 par Charlemagne dans la Gaule Narbonnoife en qualité de *Miſſus Dominicus*, s'exprime ainſi dans la relation en vers qu'il nous a laiſſée de ſon voyage.

. . . . . . *Nos tandem opulenta recepit*

Urbs Arelas, Cives quam ſtatuere ſui.

Urbs Arelas, aliis qua pluribus Urbibus extat

Prima gradu, &c. (*a*)

Si nous pouvons nous flatter d'avoir enfin découvert les véritables fondateurs d'Arles, l'époque de la fondation de cette Ville échappe preſque abſolument à nos recherches. Les monumens, les autorités des Écrivains fixent ſeuls avec préciſion des événemens de cette nature, & ces ſecours là nous manquent en ce

---

(*a*) Theodulph. Aurelian. Epiſc. opera. Jac. Sirmond. edit. Pariſ. 1646. *Paraneſis ad judices*, verſ. 99. & ſeq. pag. 134. & ſeq.

qui concerne les antiquités d'un peuple tout guerrier, qui par ignorance ou par superstition ne fit de très-longtems aucun usage des lettres, sans le secours desquelles les noms des Rois, des Héros, des Villes & des Nations entieres restent ensévélis dans un oubli éternel.

Je ne calculerai l'ancienneté de ma Patrie que par conjectures. Les Colonies de Marseille & Marseille elle-même sont les points principaux sur lesquels je reglerai ma marche. Je discuterai qui de ces Villes ou d'Arles peut, avec plus de justice, s'attribuer les vains honneurs de l'antériorité d'origine.

Les nations errantes & nomades ne cultivant point les terres ne sont attachées à aucun sol particulier. Elles n'ont aucune idée de ce droit qui regle l'étendue & les limites des états. La raison du premier occupant y prévaut sur toutes les autres. Or Justin nous assure & Plutarque nous fait entendre que ce fut par la concession des naturels du Pays que les Phocéens acquirent l'emplacement sur lequel Marseille fut bâtie. [a]

L'étymologie la plus raisonnable du nom de Marseille dans ces mots grecs *Masso*, toucher, *Salyas* aux Salyes, [b] prouve qu'avant la fondation de cette Ville ce Peuple, renfermé dans ses possessions anciennes, ne connoissoit plus les migrations, puisqu'on le retrouve dans le même local du

***

(a) Voy. Justin. libr. 43, cap. 3. & Plutarque de la traduct. d'Amiot, Vie de Solon, chap. 2.

(b) Cette étymologie est tirée d'une Dissertation sur l'ancienneté de Marseille, par M. l'abbé Aillaud, pag. 34 *du recueil de l'Académie de Marseille de l'année* 1764. M. Papon l'a répétée dans le tome premier de son Histoire générale de Provence, pag. 496 *note*.

du tems de Strabon & de Ptolémée.

Ce dernier dit formellement qu'Arles étoit du district des Salyes, & l'autre nous le fait assez entendre, en assignant à ce même Peuple tout le Pays situé entre le rhône, la durance & les alpes. [a]

N'est-il pas vraisemblable qu'une Ville, toujours reconnue pour la plus considérable de celles qui doivent

---

(a) *A Massilia regionem, qua inter alpes & rhodanum est ; usque ad druentiam fluvium, Salyes incolunt.* Strab. lib. 4. Quelques pages après cet Auteur ajoute *Volcæ* (Arecomici) *rhodano vicini sunt, oppositos habentes in alterâ ripâ Salyas & Cavaros.* On sait que les Volces arécomiques étoient le Peuple de Nîmes & des environs ; les Cavares, celui d'Avignon.

Pelloutier prétend que le nom de *Ligyes* ou *Ligures*, nom que les anciens donnent quelquefois aux *Salyes*, dérive du mot *Ligen* ou *Liger*, lequel en langage Celtique & Tudesque, signifie un Peuple sédentaire & qui a des habitations fixes. *Voy. l'Histoire des Celtes*, liv. 1, chap. 10.

B

origine aux naturels de la Contrée, fut auſſi la plus ancienne ? Un Peuple fixé depuis tant de ſiecles dans des limites aſſez étroites, pouvoit-il méconnoître cet inſtinct naturel qui invite les hommes à raprocher leurs habitations & à multiplier par-là les raports d'amitié, d'habitude & de néceſſité qu'ils ont néceſſairement entre eux ?

Ainſi donc à l'époque où les Salyes permirent aux Grecs de bâtir Marſeille, ils devoient avoir des Villes, des Bourgades ou quelque choſe d'équivalent, & tout nous invite à croire qu'Arles étoit du nombre.

De la ſimple conjecture, il eſt tems de paſſer aux preuves.

Le nom de *Segobrigiens* ou de *Segobriens* [a] donné par Juſtin lui ſeul

---

(a) On trouve l'une & l'autre leçon dans les anciens Mſſ. (*voy. le Juſtin variorum*) & toutes deux cadrent également à l'interprétation que je propoſe d'après Pelloutier.

aux Gaulois hôtes des avanturiers Grecs, a causé bien de l'embarras & des doutes, soit par la difficulté d'assigner leur position, soit par les scrupules qu'un témoignage isolé inspire aux critiques rigides. L'intelligence de la terminaison de ce nom sert de renseignement sur le premier article, & justifie l'exactitude de l'abréviateur de Trogue Pompée.

Bria, Briga ou *Briva*, dans la langue des Celtes, *indique* selon le savant Pelloutier, *une Ville située au passage d'une riviere dans un endroit où il y avoit un pont ou un bac. Par la même raison on donnoit le nom de Briges ou Bébriges aux Peuples dans le Pays desquels on avoit coutume de passer un fleuve ou un bras de mer.* Les Allobriges ou Allobroges *sont le Peuple qui étoit maître de tous les passages du rhône & du lac de Geneve.*

[a] Ainsi les *Segobriens* ou *Segobrigiens* devoient être cette portion de la nation des Salyes [b] qui possédoit les postes où l'on traversoit le rhône au voisinage de son embouchure.

Ce qu'il peut y avoir de vague dans le sens de cette terminaison est fixé par Plutarque, qui dit en propres termes que les Grecs fonderent Marseille *ayant acquis l'amitié des Celtes ou Gaulois, habitans le long de la riviere du rhône.* [c] C'est donc à sa position à l'égard de ce fleuve que s'appliquoit le nom particulier de la peuplade Salyenne dans le district de laquelle Marseille fut bâtie, & comme Arles étoit à la fois la clef du passage

---

(*a*) Voy. l'Hist. des Celtes de Simon Pelloutier liv. 1, chap. 15.

(*b*) Cette nation étoit divisée en plusieurs Cantons, dont chacun avoit son nom particulier.

(*c*) Vie de Solon, chap. 2.

de la riviere auprès de la Côte & le poste le plus avantageux pour le commerce maritime, [a] on ne peut guere placer ailleurs le chef-lieu de la nation & le séjour du Prince ou du Magistrat qui la gouvernoit.

L'accord que nous venons de découvrir entre Justin & Plutarque forme un enchaînement remarquable de preuves avec de très-anciens monumens qui attestent que les territoires de Marseille & d'Aix, entourés de par-tout de celui d'Arles, étoient un démembrement de ce dernier.

Un Cippe trouvé au pied de la montagne de Sainte Victoire, à deux lieuës au levant d'Aix, portoit du côté de cette Ville, *fines Aquensium*, & de l'autre *fines Arelatensium*. [b]

(a) Les fondateurs de Marseille n'ont pas été les premiers qui ayent fait le commerce des Côtes de la Gaule. Voy. ci-après.

(b) Voy. la notice de la Gaule de M. d'Anville verbo *Arelate*.

Dans une longue inscription, faite sous le regne des Antonins, le lieu de Garguiés, au pied du St. Pilon à l'Est de Marseille & d'Aubagne, est placé dans les confins des Arlesiens, *finibus Arelatensium.* [a]

Il est impossible de concevoir comment la ville d'Arles, située à l'occident de Marseille & d'Aix, auroit étendu son district à l'orient de ces deux Villes, si d'abord Arles n'avoit été le chef-lieu des peuples Indigenes

___

(a) Ibidem, *verbo* Gargarius locus. Voy. aussi l'Histoire generale de Provence de M. Papon, tome 1, pag. 90.

On voit dans la lettre du Pape Zozime en faveur de l'Église d'Arles, qu'au commencement du cinquiéme siecle les lieux ou Parroisses de Cereste (*Citharista*) & de Garguiés (*Gargaria*) étoient encore du territoire de cette Ville & du district de son Évêque, Voy. *Saxi Pontific. Arelat.* pag. 30.

Au reste l'inscription de Garguiés a été transportée à Marseille depuis plus de trente ans & placée sur l'escalier du Palais Épiscopal

de la contrée, & si les territoires d'Aix & de Marseille n'eussent été des enclaves démembrées de celui des Arlesiens, après la fixation des limites de ce dernier. Tel est aussi le sentiment du célébre M. d'Anville, dont la notice de la Gaule doit servir de flambeau à notre ancienne géographie. [a]

Cependant M. l'abbé Aillaud auteur d'une Dissertation *sur l'ancienneté de Marseille* publiée en 1764, [b] M. Aillaud, dis-je, combat l'antiquité d'Arles principalement par le silence que gardent sur cette Ville les Historiens des tems antérieurs à la guerre de Cesar & de Pompée.

On doit estimer les efforts du patriotisme, lorsqu'ils sont dirigés par

---

(a) Notice de la Gaule *verbo* Arelate.
(b) Dans le Recueil de l'Académie de Marseille de cette année, pag. 7 & suiv.

cette critique éclairée qui, s'étayant à propos des témoignages des anciens, fait les modifier l'un par l'autre, & suppléer ou retrancher à la lettre ce qu'une combinaison réfléchie exige nécessairement. Malheureusement l'ouvrage en question offre en plus d'un endroit l'inverse de cette sage méthode.

Je livre sans peine aux traits de M. Aillaud les opinions des premiers Historiens d'Arles qui attribuent tantôt aux Hébreux, tantôt aux Troyens, l'origine de cette Ville. Mais quand lui-même, contrariant une tradition constante, laissant à l'écart toutes les preuves qui peuvent la justifier, il veut en fixer la fondation après les expéditions de P. Scipion & de Marius en Provence, [a] son système est-il moins absurde.

(a) Recueil de l'Académie de Marseille de l'année 1764, pag. 36. & suiv.

J'obſerverai d'abord que ni Polybe ni Tite-Live n'ayant tenu le journal des marches de Scipion & de Marius, c'eſt en vain qu'on chercheroit dans les écrits de ceux-là l'énumération des différentes Villes dont ceux-ci s'approcherent.

Mais outre qu'il feroit peu ſenſé de ſuppoſer qu'un Hiſtorien a dit tout ce qu'il auroit dû ou pu dire, il ſuffit pour juſtifier ſon ſilence, qu'une Ville n'ait été le théâtre d'aucun événement mémorable, tel qu'un ſiege, une bataille donnée ſous ſes remparts &c. Probablement il ne ſe paſſa rien de pareil à Arles lors de la venue de Scipion & de Marius; & comme les

---

M. Papon s'eſt encore approprié cette idée de M. Aillaud, & après l'avoir propoſée comme une ſimple conjecture dans ſon Hiſtoire de Provence, *tom.* 1, *pag.* 291 *note*, il l'a reproduite ſur le ton de l'affirmation dans ſon Voyage littéraire de notre Province, *pag.* 110 *& ſuiv.*

Historiens ne parlent en cette occasion d'aucune autre Ville du voisinage, il est bien plus naturel de généraliser l'obfervation que de s'imaginer que les habitans du Pays fuffent encore épars dans des cabanes ifolées.

En adoptant la méthode de l'Écrivain que je refute, je puis lui oppofer que vers la fin de la Republique, l'Hiftoire romaine eft trop circonftanciée pour qu'on y eut omis la fondation d'une Ville auffi importante que l'étoit Arles, dès le tems de Jules-Cefar, fi cet établiffement n'eût précédé que de peu d'années les guerres de ce Général contre Pompée.

Les Gaulois fubjugués ne formoient plus de pareilles entreprifes ; & quand même ils l'euffent ofé, jamais leurs ouvrages n'auroient eu des accroiffemens auffi profperes ni auffi prompts.

Enfin le Cippe du mont Sainte Victoire & l'infcription de Garguiés détruisent entiérement l'idée de M. Aillaud, adoptée par le moderne Historien de Provence. Je le répéte, si la fondation d'Arles n'avoit de beaucoup précédé celle d'Aix, il seroit inconcévable que le territoire de la premiere eut dépassé celui de l'autre du côté du levant, c'est-à-dire, en un sens opposé à la situation respective des deux Villes.

Aix fut donc originairement bâti sur les terres des Arlesiens, & quand on voulut lui composer un arrondissement, ce fut en retranchant de celui d'Arles. Mais comme en pareil cas les Romains se piquoient de modération & d'équité, [a] on prit le moins qu'on pût du domaine des anciens

---

(a) On peut en juger par les reproches que Ciceron fait à Marc-Antoine d'avoir empiété sans mesure sur le territoire de Capoue pour former celui de Casilinum. *Voy. la seconde Philippique.*

habitans du Pays; menagemens qu'on n'auroit pas gardé sans doute envers des Propriétaires de fraiche date.

Les mêmes raisons nous obligent à croire que le territoire de Marseille fut dans l'origine un autre démembrement de celui d'Arles; & il est certain que dans toute l'étendue de Pays circonscrite par les deux monumens ci-devant cités, les Salyes n'eurent jamais d'autre Ville que cette derniere.

On a regardé comme une preuve qu'Arles n'existoit point encore, la donation faite aux Marseillois du *Canal* ou *Fosses* de Marius; les douanes, les tours & le temple de Diane Éphésienne que ceux de Marseille établirent, suivant Strabon, sur ce même canal. *Est-il possible*, ajoute-t-on, *que les Marseillois n'eussent éprouvé en tout cela aucune opposition de la part des Citoyens d'Arles?* [a]

Avant de mettre au jour cette objection frivole, il falloit se rappeller qu'au tems de Marius, les Romains étoient Souverains de nos Contrées; qu'en disposant d'un canal qui étoit leur ouvrage, des douanes qui leur appartenoient, ils ne frustroient les Arlésiens leurs sujets, Gaulois d'origine, d'aucun droit auquel ceux-ci pussent ou osassent prétendre, d'autant qu'on leur laissoit la libre jouissance du lit naturel du rhône. Les Marseillois, dans le même tems, soit en considération des Grecs, leurs anciens Compatriotes, soit en reconnoissance de ce qu'ils avoient introduit les armées romaines dans la Gaule, les Marseillois, dis-je, étoient traités en alliés, caressés, comblés de

___

(*a*) Mém. sur l'ancienn. de Marseille par M. Aillaud, *loc. sup. cit. pag.* 37 *& suiv.*

privileges, dont ils ne perdirent la plus grande partie que pour s'être imprudemment joués de Jules Cefar. (a)

Le commerce que ceux de Marseille faifoient dans le rhône démontre que les rivages de ce fleuve étoient habités, & qu'il devoit y avoir des Villes, centre ou objet de ce trafic.

Plus d'un fiecle auparavant, lors du paffage d'Annibal dans la Gaule, les riverains du rhône faifoient eux-mêmes le commerce maritime; ils conftruifoient des navires pour cet ufage. (b)

J'ai dit ailleurs (c) qu'il n'eft pas vraifemblable que lorfque les Marfeillois entreprirent de fonder des

---

(a) Voyés à ce fujet la judicieufe reflexion de Velleius Paterculus, liv. 2, chap. 31.

(b) Voy. Polyb. lib. 3.

(c) Mém. fur la Repub. d'Arles, premiere Partie pag. 77 & fuiv.

Colonies, ils eussent négligé le poste d'Arles, reconnu dans toute l'antiquité pour un des plus favorables au commerce, si la place n'eût été occupée par les naturels du Pays, de maniere à ne pouvoir être disputée sans danger. Le témoignage d'Etienne de Bizance, qui range Avignon & Cavaillon parmi les Colonies de Marseille, ne permet à cet égard aucune replique raisonnable.

Ainsi donc nous raprochons d'autant l'existence de la ville d'Arles de l'époque de la fondation de Marseille. (a) Quelques remarques sur le récit de Justin, celui de tous les anciens

―――――――――――――

(a) Les Marseillois avoient déjà fondé des Colonies du tems de Scylax, qui écrivoit environ cinq cens ans avant J. C. voy le Periple de ce Géographe. Il y a une lacune en cet endroit & les noms des Colonies y manquent, excepté celui d'Empurias en Catalogne.

qui a parlé de ce dernier événement avec le plus de détails, pourront terminer en faveur de la premiere, toute difpute de priorité. Je n'ai qu'à déveloper ici ce que j'ai fuccintement indiqué dans mes Mémoires fur la Republique d'Arles. (a)

Ce fut felon Juftin, *à l'embouchure du rhône* qu'aborderent pour la premiere fois les Phocéens qui vinrent reconnoître nos Côtes. Enchantés des agrémens du lieu, ils en firent dans leur Patrie la peinture la plus avantageufe. Plufieurs étoient déjà dégoutés de leur Pays natal, par le peu d'étendue du diftrict & la ftérilité du terroir. Ils fe déterminerent fans peine à venir former un établiffement dans la Gaule. (b)

Leur

___

(a) Premiere Partie, pag 171 & fuiv.
(b) *In ultimam Oceani oram procedere aufi*

Leur premier soin, à leur arrivée, fut de se concilier l'amitié du Roi, dans les états duquel ils se proposoient de planter leur Colonie. (*a*) Le caprice d'une jeune fille applanit toute les difficultés ; & le Prince Gaulois, qui n'avoit pas dédaigné pour gendre un des Commandans de la Flotte Grecque, lui accorda l'emplacement nécessaire pour bâtir une Ville. (*b*) *En conséquence*, poursuit l'Historien, *Marseille fut fondée auprès des bouches du rhône, dans un golfe reculé,*

(Phocenses) *in sinum Gallicum, ostio rhodani amnis, devenere. Cujus loci amœnitate capti, reversi domum, referentes quæ viderant, plures sollicitavere. Duces classis Simos & Protis fuere.* Justin. lib. 43, cap. 3.

(*a*) *Regem Segobrigiorum, Nannum nomine, in cujus finibus Urbem condere gestiebant, amicitiam petentes conveniunt* ibid.

(*b*) *Protis, factus ex hospite gener, locum condenda Urbis a socero accepit.* ibid.

C

sur une pointe qui s'avance dans la mer. (*a*)

La nouvelle Ville ne fut donc pas construite au lieu d'abord reconnu, dans cette situation riante sur le rivage du fleuve. Il y a en effet une grande différence entre l'expression *Ostio rhodani* & celle *Propè ostia rhodani*. La premiere est plus déterminative, & Justin les confondoit si peu que, sachant que Marseille n'est point située sur le rhône, il les a employées l'une & l'autre, pour donner à son récit toute l'exactitude possible. (*b*)

Mais si l'on demandoit pourquoi les

(*a*) *Condita igitur Massilia est propè ostia rhodani amnis, in remoto sinu, veluti in angulo maris.* ibid.

(*b*) Ce qui donne encore plus de poids à la distinction, c'est que Justin est l'abreviateur de Trogue Pompée, Gaulois d'origine & né dans le Pays des Voconces, c'est-à-dire, aux environs de Vaison & de Die, Villes peu éloignées de Marseille.

Phocéens n'obtinrent point le local dont l'aspect les avoit d'abord frappés, c'est sans doute que les naturels du Pays l'occupoient eux-mêmes & qu'ils ne voulurent pas s'en bannir pour faire place à des étrangers. En effet, selon Plutarque, les principaux établissemens du Peuple Gaulois, qui donna asile aux avanturiers Grecs, étoient placés sur le bord du rhône. (a)

L'identité d'emplacement, les raisons différentes que j'ai mises sous les yeux du Lecteur, l'existence connue d'Arles depuis plus de dix-huit cens ans invitent à reconnoître en cette Ville le chef-lieu des anciens Peuples Indigenes de la Contrée.

La qualité pierreuse & la stérilité du terroir de Marseille, reconnues dès le tems de Strabon & attestées par

_____

(a) Vie de Solon, chap. 1.

ce Géographe, (a) n'avoient certainement pas de quoi tenter des étrangers au point de les engager à s'expatrier. Suppofé donc que les motifs auxquels Juftin attribue la tranfmigration des Phocéens foient véritables, ce qu'il dit de la beauté du Pays, vu par les Grecs à *l'embouchure du rhône,* cadreroit toujours mieux aux environs d'Arles qu'à ceux de Marfeille ; quand même l'Hiftoire n'exprimeroit pas la différence des lieux avec une précifion, une clarté qui ne laiffent ni fcrupules ni regrets aux Lecteurs les plus circonfpects.

Une feule difficulté pourroit embarraffer ceux qui n'ont aucune con-

---

(a) *Maſſilia à Phocenſibus condita, ſita loco Saxoſo . . . . . ſolum poſſident* (Maffilienfes) *oleis ac vitibus conſitum, frumenti autem ob afperitatem ſterile. Itàque mari magis quam terra fidentes, ad navigationes ingenium potius contulerunt.* Strab. lib. 4.

noissance des changemens arrivés par la succession des temps dans la longueur du canal du rhône. Ils auront de la peine à croire qu'une Ville, qui se trouve aujourd'hui à huit lieuës de la mer, ait été autrefois si près de l'entrée du fleuve que, quoiqu'il s'en fallût de beaucoup que le terrein fut aussi prétieux alors qu'aujourd'hui, les habitans n'ayent pu se resoudre à sacrifier la partie de leur district la plus voisine de la Côte. Rien n'est pourtant plus certain ; indépendamment même des raisons de politique & d'intérêt qu'on pourroit en donner.

Au quatriéme siecle de l'Ere chrétienne, il n'y avoit, suivant Ammien Marcellin, que dix-huit mille romains, ou quatre lieuës & demie, d'Arles au *Golfe du Gras*, c'est-à-dire, aux bouches de la riviere. (*a*)

(*a*) Voy. Ammian. Marcell. Rer. gest. lib. 15.

Quoique les dépôts que le rhône fait à son embouchure ayent dû prendre un accroissement plus ou moins rapide selon les circonstances, (a) il y eut toujours en cette partie une progression sensible des terres dans la mer.

Dans l'espace de quatorze cens ans, écoulés depuis Ammien Marcellin, le canal du rhône s'est prolongé de près de quatre lieuës. On peut supposer delà qu'en remontant du qua-

---

J'ai tâché dans un Mémoire particulier de prouver la justesse du rapport de cet Historien, contre le calcul exagéré de l'Itinéraire maritime d'Antonin. *Voy. ci-après.*

(*a*) J'ai donné, dans mon Mémoire sur Ammien Marcellin, la raison de l'étonnante rapidité avec laquelle la terre a gagné sur la mer à l'embouchure du rhône, depuis environ un siecle. Les mêmes causes n'existant pas dans les tems précédents, la progression a dû être plus reglée, & par conséquent il est plus facile de l'assujettir aux loix du calcul.

triéme fiecle de l'Église jufqu'à la fondation de Marfeille, ce qui fait neuf cens ans complets, la progreffion du terrein aura été de deux lieuës ou environ. Ainfi à cette derniere époque, la diftance du gras à Arles n'étoit gueres que le quart de ce qu'elle eft aujourd'hui. Ceci m'infpire une conjecture que je ne crois pas devoir dérober à la fagacité des Lecteurs.

La chaffe & la pêche font les occupations favorites des Peuples encore à demi fauvages, tels que l'étoient les premiers habitans de la Gaule. Nulle fituation ne fut jamais plus propice à l'une & à l'autre que celle du rocher d'Arles, lorfqu'ombragé au nord par de vaftes forêts, il étoit baigné au couchant par le rhône, au midi par les flots de la méditerranée, & à l'eft par un bras de cette même mer, que le tems a changé en marais. [a]

Des avantages aussi frappans ne pouvoient échapper à des hommes vivement intéressés à les découvrir ; & comme l'instinct de la sociabilité est pour le moins aussi inné dans le cœur humain que dans l'espece des castors & des abeilles, ils durent se réunir en assez grand nombre pour en profiter plus utilement.

Il se forma dès-lors un assemblage de cabanes sur la coline dont le sommet est occupé aujourd'hui par les

---

(*a*) *Vitandi æstûs causâ* [Galli] *plerumque silvarum ac fluminum petunt propinquitates*, dit Cesar, *Comm. de bel. Gal. lib.* 6.

Ajoutés à cette raison le fréquent usage des bains de riviere, les cérémonies religieuses que les anciens Gaulois célébroient dans les bois & au bord des eaux, [voyez l'*Hist. des Celtes de Pelloter*, liv. 2, chap. 5, liv. 3. chap. 9. & liv. 4. chap 2.] & vous aurés autant de nouvelles preuves que le rocher d'Arles a été trés-anciennement habité.

débris de notre amphithéâtre. Car il faut obferver que, dans ces premiers tems, les hommes, groffiers encore & ignorans l'art de contenir par des digues les eaux des rivieres & de la mer, ne fixoient gueres leur demeure que fur des éminences où ils étoient à l'abri des innondations. Les Villes bâties dans la plaine font certainement les plus modernes.

Je crois donc entrevoir fur l'efpece de promontoire, dont je viens de parler, le berceau de la ville d'Arles ; & jamais le nom celtique *Ar-lait*, cidevant expliqué, ne convint mieux à ce pofte qu'au tems ou nos ancêtres habitoient fur la pointe d'une prefqu'ifle.

Cette Peuplade dût s'accroître de jour en jour. La nature elle-même y invitoit les habitans en agrandiffant peu-à-peu le terrein qui les environnoit ; & fi nous appliquons ici le calcul modéré qui, dans la revolution de neuf fiecles, fixe environ à deux lieuës le progrès des terres dans la mer ; Arles a dû exifter neuf cens ans avant la fondation de Marfeille, plus de fept cens ans avant celle de Rome & quinze cens ans avant la naiffance de J. C. [a]

(a) Si l'on fait attention 1°. au rapport de Tite-Live fur la population prodigieufe de la Gaule à l'époque de la fondation de Marfeille ; [*Decad* 1, *lib.* 5, cap. 34] 2°. aux nombreux effaims d'hommes qui en fortirent vers le même tems ; effaims qui juftifient ce rapport & qui repeuploient à l'inftant les Provinces entieres où ils fe tranfplantoient & dont ils chaffoient les anciens habitans ; on fera convaincu que notre Pays a été très-anciennement habité, & que par conféquent ma conjecture n'a rien de trop hardi.

Voyés au fujet des Colonies des Celtes ou Gaulois, l'ouvrage de Schœpflin, intitulé, *Vindiciæ Celticæ*, où la traduction de ce même ouvrage dans le tome 4. de l'Hiftoire des Celtes de Pelloutier, édition de M. de Chiniac, 1771.

On demandera peut-être pourquoi l'antiquité d'Arles étant si reculée, cette Ville ne fut inscrite qu'après Narbonne au nombre des Colonies romaines.

Outre que ces sortes d'établissement ne commencerent à devenir communs hors de l'Italie que depuis la Dictature perpétuelle de Jules Cesar, [a] on consulta d'abord la position sur toutes choses. Les Colonies étoient ordinairement placées sur les frontiéres de l'Empire. C'étoient des boulevards qu'on opposoit aux incursions étrangeres.

Telle étoit en particulier la situation de Narbonne. [b] Dès la pre-

---

(a) Voyés dans Velleius Paterculus quelle étoit à cet égard la politique du Senat. *Hiſtor. lib.* 2, *cap.* 13.

(a) Voyés l'Oraison de Ciceron *pro Fonteio* & la notice de la Gaule de M. d'Anville *verbo Narbo.*

Ainſi Treves ne fut pendant long-tems la Capi-

miere expédition des Romains en deçà des Alpes, elle se trouva au voisinage des Gaulois Aquitains non encore assujettis, tandis qu'Arles étoit dans le centre de la Province romaine. Celle-ci mérita pourtant, dès qu'on changea de système, d'être une des premieres Colonies de la Gaule; & l'observation que j'ai faite sur le passage de Suetone prouve qu'elle tenoit au moins le second rang.

On ne manquera point d'incidenter sur l'état primitif d'Arles. On lui disputera le titre de Ville. Mais qu'importe après tout le nom, si nous

---

tale de toute la Gaule & le séjour du Préfet du Prétoire, que parce qu'elle étoit la clef des Provinces situées en deçà du Rhin & le principal quartier des troupes romaines, qu'on opposoit aux Francs & autres Barbares habitans au-delà de ce même fleuve.

Au reste, je ne parle ici que des Colonies militaires, & je ne crois pas qu'il y en eut d'autres hors de l'Italie.

avons démontré que c'étoit le chef-lieu de cet ancien Peuple Gaulois dans le diſtrict duquel Aix & Marſeille elle-même furent fondées ?

Les Cités les plus renommées ont eu de foibles commencemens. *Milan*, dit Strabon, *Ville aujourd'hui ſi conſidérable, n'étoit qu'un Village autrefois ; car les Inſubriens* [ſes fondateurs, Gaulois d'origine] *habitoient tous dans des Villages* [a] Paris rapporte ſa fondation à celle de l'ancienne *Lutece*, toute renfermée dans la petite iſle du Palais ; & le célébre Monteſquieu a remarqué qu'il ne faut pas ſe faire de Rome naiſſante une idée ſur les Villes d'aujourd'hui. [b] Que ſi

---

(a) *Inſubres etiamnum extant, quorum fuit Metropolis Mediolanum ; Pagus olim,* [*nam per Pagos habitabant eâ tempeſtate univerſi*] *nunc Urbs eſt præclara.* Strab. lib. 5. traduct. de Caſaubon.

(a) Conſidérat. ſur la grand. & la décad. des Romains, chap. 1.

quelques Écrivains nous repréfentent Marfeille floriffante dès le berceau, indépendamment de la défiance que peut juftement infpirer la vanité hyperbolique des Grecs, il s'en préfente une autre raifon.

Il a dû y avoir, dans l'antiquité, une grande différence entre les Colonies fondées par des étrangers & les établiffemens formés par les naturels d'un Pays.

Ceux-ci vivans dans cette fécurité, que chacun a naturellement chez foi & parmi des Compatriotes, fe raffembloient à loifir & fe fixoient felon que les circonftances les y invitoient. Les autres, au contraire, en abordant en une Contrée, étoient obligés de s'y précautionner contre les anciens habitans, qui pouvoient ne pas les voir de bon œil. Il falloit qu'ils fe préfentaffent, qu'ils reftaffent en force pour s'introduire & pour fe maintenir. [a]

Quoique les Phocéens, fondateurs de Marseille, eussent été d'abord accueillis en qualité d'hôtes & d'amis, ils ne négligerent point les moyens d'assurer la durée de leur établissement. Delà Justin a dit qu'ils enseignerent aux Gaulois *à ceindre les Villes de murailles;* [b] c'est-à-dire, qu'ils leur donnerent les premiers l'exemple de construire des remparts.

Mais prit-on à la lettre les termes de cet Auteur; supposa-t-on que les Grecs eussent initié nos ancêtres dans

---

[a] Ceci ne regarde que les Colonies particulieres consistant en une seule Ville, & non ces Peuplades nombreuses qui chassoient les anciens habitans du Pays où elles alloient se fixer. Il n'y a donc nulle contradiction avec ce que je viens de rapporter, d'après Strabon, touchant les Gaulois établis au-delà des Alpes.

(b) *Urbes manibus cingere.* Just. lib. 43, cap. 4.

la théorie de l'art des fortifications, n'est-ce point forcer le sens de ces paroles que de prétendre, sur ce fondement, que les Gaulois durent aux Marseillois la premiere idée *de bâtir des Villes,* comme quelques modernes l'ont hazardé?

Sans compter les notions que nous en avons d'ailleurs, Justin, dans tout son récit, fait si bien connoître la différence que mettoient les Latins entre les mots *Urbes mænibus cingere* & ceux *Urbes condere,* consacrés à désigner les fondations nouvelles, qu'il n'est pas permis d'y prendre le change.

Je sais que, par un préjugé très-ancien, le titre de *Ville* tient à une enceinte de murailles. La Haye, ce lieu si considérable où s'assemblent les États généraux des Provinces unies, n'est encore, aux yeux de certaines gens, que le premier Village de l'Europe. Pour

Pour nous, qui tâchons de nous défendre du travers si souvent & peut-être si justement reproché aux Légistes de laisser emporter le fonds par la forme, nous consentons qu'on appelle *Bourg* ou *Hameau* l'amas de maisons ou de simples cabanes qui formoit dans le commencement ce que nous appellons *Arles*. A cet égard, l'identité de nom & d'emplacement constitue réellement la continuité d'existence, d'où dépend l'ancienneté; & je défie que l'on prouve par une autorité bien précise que les Phocéens aient inspiré à nos ancêtres, les Celtes, la pensée de se raprocher & de vivre en société.

Outre les observations que je viens de faire sur Justin, Tite-Live nous apprend que dès le regne de Tarquin l'ancien, cinquiéme Roi de Rome, à l'époque de la fondation de Marseille, les Gaulois, partis des environs de

Bourges & de Chartres, bâtirent Milan & plusieurs autres Villes dans la Contrée à laquelle on a donné depuis le nom de Lombardie. [a]

A la bonne heure que ce ne fussent d'abord que de simples Villages ; c'étoient toujours des assemblages d'habitations distingués par des noms qu'ils ont conservés en s'agrandissant; & si la coutume de vivre ainsi réunis avoit déjà pénétré dans le nord de la Gaule, à plus forte raison devoit-elle être connue sur les bords de la Méditerranée, où les progrès de la civilisation avoient sans doute été plus précoces, par le fréquent abord des Peuples policés de la Grece, de la Phé-

___

(a) Tit. Liv. Decad. 1. lib. 5. cap. 34.

Observés que le témoignage de Tite-Live est d'autant plus décisif que cet Auteur étant né à Padoue, dans le sein de la Gaule Cisalpine, devoit bien connoître l'Histoire du Pays.

nicie & de Carthage. [a]

Les fondateurs de Marseille n'ont pas été les premiers de tous les Grecs qui ayent abordé sur nos parages. Long-temps avant l'institution des Olympiades, c'est-à-dire, environ deux siecles avant que les Phocéens vinssent se fixer dans le Pays des Salyes, les Rhodiens, de l'aveu de Strabon, fréquentoient les Côtes d'Espagne; ils y avoient formé des Colonies. [b]

D'un autre côté, Herodote prétend que *les Phocéens furent les premiers, entre tous les Peuples de la Grece, qui découvrirent la mer Adriatique, la mer Tyrrhenienne, l'Iberie, &c.* [c]

(a) *Quand on lit avec quelque attention l'ancienne Histoire de l'Europe, on voit la barbarie se retirer par dégrés des Provinces méridionales & se concentrer dans le fonds du nord.* Pelloutier Hist. des Celtes, liv. 2. chap. 1.

(b) Strabon, lib. 14.

(c) Herodot. lib. 1. cap. 83.

De ces deux témoignages je conclus que les Phocéens avoient reconnu les Côtes de la Provence moderne près de trois cens ans avant la fondation de Marseille.

En adaptant la route tracée par le Pere de l'Histoire, à la maniere dont on naviguoit alors, il falloit, en allant en Espagne ainsi qu'au retour, relâcher nécessairement dans le rhône. [a] L'objet même de ces sortes d'expéditions devoit y engager des Négocians avides & entreprenans.

Le nom de *Tyrrhenienne* comprend toute l'étendue de mer renfermée entre l'Italie & l'Espagne, & par conséquent la Côte de la Provence moderne. *Hic*, dit Appien d'Alexandrie en parlant du rhône, *per Transalpinam Galliam in Mare Tyrrhenum influit*. de bell. civil. lib. 1. On pourroit ajouter à cette autorité celle de Vibius Sequester & plusieurs autres.

(a) Herodote observe que les Phocéens ne se servoient que de vaisseaux à rame. *loc. supr. cit.*

Car enfin l'esprit du commerce a toujours été le même, & les échanges que l'on pouvoit faire avec les Gaulois n'étoient gueres moins avantageux que ceux qu'on faisoit avec les Espagnols.

Du trafic des marchandises résultent la communication des idées, l'intelligence des langues respectives, & divers moyens d'instruction. L'instinct de la curiosité, l'appat de la nouveauté, si naturels à tous les hommes, attirent en foule les plus sauvages aux lieux où des étrangers polis & éclairés leur procurent de nouvelles jouissances, leur offrent des objets de surprise & d'admiration, & leur font adroitement éprouver des besoins jusqu'alors inconnus.

Le poste d'Arles étoit, dès les premiers tems, le rendés-vous des Gaulois & des Grecs; & peut-être est-ce une des raisons qui en firent le chef-lieu des Salyes Segobrigiens, & la plus confidérable de leurs Villes ou Bourgades.

La fondation de Marseille fut la suite des divers voyages que les Phocéens avoient faits précédemment dans la Gaule, & de l'amitié qu'ils avoient contractée avec les Habitans. [a]

Or comme dans les liaisons formées entre deux Peuples les avantages que donne à l'un la supériorité des lumieres inspirent bientôt à l'autre le goût de l'imitation, les Salyes & les autres Celtes leurs voisins, durent infiniment profiter dans ce commerce. Ce ne fut sans doute qu'après s'être bien assurés que ceux-ci avoient dépouillé la plus grande partie de leur antique férocité que les Grecs eurent le courage de

---

(a) Voy. Plutarque, vie de Solon, chap. 2. & Athenée, liv. 13. chap. 5.

venir former parmi eux un petit établissement isolé.

Les longues navigations des Phéniciens & des Carthaginois durent pareillement les conduire plus d'une fois dans le rhône; & nous en aurions indubitablement des preuves positives, si l'un ou l'autre de ces Peuples nous avoit laissé quelque monument historique.

Ainsi donc, la révolution opérée sur l'esprit & les mœurs de nos ancêtres ne fut pas l'ouvrage des seuls Phocéens. Elle étoit déjà bien avancée lors de la fondation de Marseille, & c'est au moins un anachronisme de la considérer comme l'effet d'un événement dont elle fut probablement la cause.

Ce qu'il y a de certain, si l'on peut s'en fier à l'autorité de Tite-Live, qui sans doute en vaut une autre, c'est qu'à cette derniere époque &

tandis que Tarquin l'ancien regnoit à Rome, le centre de la Celtique abondoit en toute sorte de denrées ainsi qu'en hommes. [a] Les Peuples de ces Contrées étoient donc déjà versés dans les principales branches de l'Agriculture, cet art qui donne, ou qui suppose la connoissance du droit de propriété & la premiere idée de toutes les Loix civiles & politiques. [b]

(a) *Prisco Tarquinio Romæ regnante . . . . Gallia . : frugum hominumque fertilis fuit.* Tit. Liv. Decad. 1. lib 5. cap. 34.

(b) *La Guerre & l'Agriculture faisoient toute leur étude*, dit Polybe des premiers Gaulois qui s'établirent en Italie. (*Traduct. de Dom Tuillier liv.* 2. *chap.* 4.)

Ces Peuples avoient sans doute apporté ces mœurs de leur Pays natal. Cependant, selon Justin, les Gaulois apprirent des Marseillois la culture des terres. Mais ceci ne doit s'entendre que des vignes & des oliviers, puisque cet Auteur nous dit quelques phrases auparavant que *les Phocéens fondateurs de Marseille étoient plus adonnés à la navi-*

De deux choses l'une, ou les Gaulois n'étoient pas naturellement aussi barbares que quelques-uns le prétendent, ou si c'est aux Grecs qu'ils durent la premiere ébauche de leur civilisation, quel tems n'a-t-il pas fallu pour que les progrès s'en soient étendus des bords de la méditerranée jusqu'à ceux de la Loire & de la Seine ?

Lorsque Jules-Cesar soumit toute la Gaule, les Provinces les plus reculées de cette vaste region, celles qui avoient eu le moins de commerce avec les nations policées de l'Orient, étoient déjà parsemées de Villes bien fortifiées. [a]

Le contraste observé par ce grand

---

gation qu'à l'*Agriculture* ; & que Strabon s'exprime à peu près en mêmes termes à l'égard des Marseillois.

(a) Vid. Cæsar, Comment. *passim*.

homme entre les Gaulois & les Germains, pour la forme du gouvernement, la distinction des conditions, les Tribunaux de Justice, & sur-tout pour la différence de religion, différence très-essentielle en ces tems reculés, ne permet plus dès-lors aucune sorte d'assimilation entre les deux Peuples. [a]

Il n'est pas douteux qu'en remontant d'un siecle à l'autre on ne parvint à cette époque où, suivant nos livres sacrés, le genre humain, renfermé tout entier dans une seule famille, n'avoit qu'une même façon de vivre. Mais la séparation des Peuples une fois faite, les circonstances locales influerent nécessairement sur chacun. La différence des objets sensibles inspira des idées & des préjugés différens. Les traditions primitives

_____

(a) Ibidem liv. 6.

s'altérèrent. Le défaut de communication en effaça la plus grande partie; & comme le climat agit avec puissance sur le tempéramment de l'homme, les habitans des Pays tempérés furent toujours plus doux, plus sociables, plus faciles à se civiliser que ceux des regions âpres du nord.

On pourroit, j'en conviens, déchiffrer en tout tems quelques traces de ressemblance entre des Peuples de mœurs simples & dont en général la guerre étoit la grande passion. Mais outre qu'ils sont contrebalancés par des traits de dissemblance aussi frappans & aussi nombreux, [a] on ne

---

(a) César, par exemple, a remarqué que de son tems les Germains se faisoient un point d'honneur de ne pas souffrir que personne vint s'établir auprès d'eux. Cela ne contraste-t-il pas singuliérement avec la maniere dont, près de six siecles auparavant, les Salyes avoient accordé aux Phocéens le local où ceux-ci bâtirent Marseille? *Voy. César. Comment. lib. 6.*

doit pas se fier sans choix au rapport des anciens sur des nations que plusieurs d'entre eux connoissoient fort mal. Il faut observer entr'autres que les Grecs donnoient le nom de *Celtes* a presque tous les Peuples septentrionaux *dont ils ignoroient les noms particuliers,* (*a*) & que delà il a dû résulter bien des équivoques.

En un mot, M. Aillaud a manqué essentiellement son but lorsque, voulant peindre les mœurs des Celto-Salyes à l'époque de la fondation de Marseille, il copie Tacite, Athenée & Diodore de Sicile.

Des raisons qui s'offrent en foule pour combattre l'application de ces autorités,(*b*) je me borne à observer

---

(*a*) Ce sont les propres termes de Strabon, qui ajoute qu'Ephore divisoit la terre en quatre parties, dont, selon lui, les *Celtes* en occupoient une toute entiere. *Voy. Strabon lib.* 1.

(*b*) 1°. Tacite ne parle que des Germains de son

qu'en supposant, dans l'origine, la plus grande conformité de mœurs entre les Salyes & les diverses branches de *Celtes*, répandues dans la

---

tems, & il est postérieur de plus d'un siecle à Jules-Cesar.

2°. Voici deux passages d'Athenée qui prouvent qu'il n'avoit point en vue les Peuples voisins de Marseille ; *Oleo non utuntur* (Celtæ) *& quia rarum illis , & quia ingratum videtur quod inassuetum est..... Locupletes vinum bibunt ex Italiâ petitum & Massiliensium regione.* lib. 4. cap. 13.

3°. Quant à Diodore de Sicile, la distinction qu'il fait des Gaulois & des Celtes, en plaçant ceux-ci auprès de Marseille & des Alpes & les autres au-delà jusqu'aux frontieres de la Scithie, sert du moins à faire connoître que la plûpart de ses observations regardent les Peuples du nord, indépendamment de ce qu'il assure que la vigne ni l'olivier ne peuvent réussir dans la Gaule à cause de la froideur du climat , &c. (Vid. Diodor. Sic. lib. 5.)

Je sais que la distinction que je viens de rapporter n'est pas un chef-d'œuvre d'exactitude, aussi ne la donne-je que pour une indice de l'intention de l'Auteur dans un récit d'ailleurs assez confus.

Gaule & jufqu'aux frontieres de la Scithie, trois cens ans de commerce & de liaifons avec les Grecs & les Orientaux avoient été plus que fuffifans pour décraffer, au tems dont il s'agit, les habitans des bords du rhône & des Côtes de la méditerranée.

C'eft d'abord une erreur de confidérer la fondation de Marfeille comme un des premiers actes d'aparition des Grecs en nos Contrées, fans autre préliminaire d'amitié & de familiarité avec les naturels du Pays. Mais une faute plus lourde encore, de la part de Mr. Aillaud, parce qu'elle paroît faite à deffein, ç'a été de choifir pour guides les Auteurs que je viens de nommer, de préférence à Jules-Cefar, qui avoit tout vu par fes propres yeux.

L'amour de la patrie peut, il eft vrai, nous infpirer de l'averfion pour ceux qui lui ont fait du mal dans les tems même les plus reculés; mais par cette raison, le souvenir des anciens bienfaits doit imprimer une reconnoissance éternelle. N'est-ce point une sorte d'ingratitude, de la part des Écrivains Marseillois, de déprimer un Peuple humain, hospitalier, qui accueillit avec tant de bonté les avanturiers leurs ancêtres?

J'ai évité, tant que j'ai pu, ces pieges différens. En accordant aux témoignages des anciens toute l'autorité qu'ils méritent, j'ai tâché de les concilier sans jamais les combattre. Si ce que j'ai dit touchant l'ancienneté d'Arles n'est étayé d'aucune autorité positive, il n'en est point qui le détruise. Il y a plus, les rapports, que j'ai observés entre des monumens épars & dont les Auteurs n'ont pu se concerter entre eux, l'emportent de beaucoup sur des assertions que le préjugé, l'ignorance ou la mauvaise foi pourroient avoir dictées.

OBSERVATIONS

OBSERVATIONS

SUR

LES MARAIS DES ENVIRONS

D'ARLES.

L'Opinion de M. Papon sur la formation de ces marécages m'a paru hazardée. *Comment concevoir,* ai-je dit, *que dans les débordemens du rhône, les eaux séjournent & déposent leur limon sur les lieux hauts plutôt que dans les terreins bas ? Quelle barriere s'oppose ici aux loix ordinaires ?* [Mém. sur l'ancien. Républ. d'Arles, 1ʳᵉ· Part. page 109 note.]

Cette idée, présentée de la sorte, contraste si sensiblement avec des

E

faits que personne n'ignore, qu'on me soupçonneroit peut-être d'en avoir exagéré l'absurdité, si je ne me justifiois par une analyse exacte du système de cet Écrivain. Voici comment il s'exprime lui-même dans l'Histoire générale de Provence, Tome premier, page 291.

Nous trouvons dans les débordemens du rhône une cause de marécage qui n'existe point à Frejus. Les sables qu'il dépose sur les bords, jusqu'à une certaine distance, ont élevé considérablement le terrein depuis plusieurs siecles, & empêchent l'écoulement des eaux, qui en séjournant trop long-tems au même endroit, y affaissent la terre & forment des cavités.

Je ne puis déviner quel sens M. Papon attache à ses expressions; mais je sais que, selon l'acception ordinaire, le mot *Débordement* signifie l'épanchement des eaux hors de leur lit.

Lorsque le rhône furmonte le fol du rivage, lequel eft beaucoup plus élevé que celui des marais, ne faut-il pas, conformément aux loix de la phyfique, que les eaux prennent auffi-tôt leur cours vers l'endroit le plus bas; qu'elles y entraînent la plus grande partie du limon dont elles font chargées; qu'elles y précipitent même quantité de particules des terres voifines; le tout à proportion de la pente qui augmente la rapidité du courant? Ne faut-il pas en un mot que, féjournant plus long-temps dans ces mêmes marais, d'où elles ne peuvent s'échapper, que fur les terreins hauts, où elles ne font que paffer, elles fe dépurent plus parfaitement dans ceux-là que fur ceux-ci, & y laiffent par conféquent un fédiment beaucoup plus épais?

Cela établi, d'après l'expérience, les débordemens du rhône doivent produire un effet contraire au fyftême de M. Papon; & certainement les effets d'une même caufe n'ont jamais été différens. Si une innondation formoit quelque inégalité à la furface d'un terrein, l'innondation fuivante l'effaceroit, & ainfi, d'une innondation à l'autre, l'hypothéfe que nous examinons n'acquiert pas plus de vraifemblance. Les terreins innondés s'élevent toujours d'avantage. Ils parviennent enfin au-deffus du niveau ordinaire de la riviere & de la mer; & alors l'écoulement des eaux pluviales devient fi facile, que quand même l'induftrie de l'homme ne s'employeroit point à le favorifer, il feroit impoffible qu'il fe formât des lagunes comparables en étendue & en profondeur aux divers marécages de notre territoire.

Ce ne font point ici des fpéculations oifeufes. De tous les moyens de deffécher les marais, de les rendre propres à la culture, le plus simple, le plus efficace & le moins difpendieux, c'eft d'y introduire les eaux de riviere lorfqu'elles font bien chargées de vafe ; & la théorie de cette maniere de deffèchement par *immerfion* eft fondée fur la certitude des faits que je viens de remarquer. Il eft vrai qu'elle a fes inconvéniens; d'abord, la lenteur, enfuite, la privation du revenu des champs innondés; & c'eft vraifemblablement celui-ci qui a empêché d'en ufer par rapport à ceux dont il s'agit. Quoiqu'il en foit, cet objet tient de fort près au véritable fyftême fur la formation des marais, & fon importance mérite une difcuffion plus étendue.

Reprenons en détail le paffage de l'Hiftoire de Provence, & comparons en chaque partie avec mon interprétation.

Dans les débordemens du rhône, ce fleuve dépose du sable sur les bords jusqu'à une certaine distance.

Cette distance prétendue, dont M. Papon fait probablement la base de son syftême, est nulle à l'égard des marais d'Arles. Rarement elle excéde une lieuë, très-souvent elle est moindre, soit qu'on la prenne des bords du grand rhône, soit du côté du petit. On sent avec quelle rapidité, des eaux débordées franchissent un pareil intervalle. Et comment ne porteroient-elles pas au-delà la plus grande partie de leur vase, tandis que le limon de la saône, de l'isere & de la durance parvient jusqu'aux extrêmités de la Camargue & va former des alluvions dans la mer ?

On dira peut-être que les eaux contenues dans le lit du fleuve, ayant plus de rapidité que lorsqu'elles sont répandues sur une grande surface doivent porter leur fédiment plus loin. Je réponds 1°. qu'il n'y a nulle comparaifon de la diftance de la mer à la faône & aux autres rivieres ci-deffus nommées, à celle des marais au rivage du rhône; conféquemment une impulfion beaucoup moindre fuffit pour faire parvenir dans ces marais les eaux du fleuve avant leur dépuration. 2°. Que par-tout où il y a une pente celle-ci accélere la marche des eaux; elle fupplée ce qui manque en impulfion. Or il n'eft pas néceffaire d'avertir que c'eft là ce qu'on trouve entre les marais & le terrein d'alentour. 3°. Enfin qu'il faut confidérer cette hypothèfe dans les cas d'innondation générale, qui heureufement font très-rares depuis la conftruction des levées. On rifqueroit de s'en faire de fauffes idées fi l'on en jugeoit d'après les innondations partielles, ou l'arrofement d'un champ quelconque.

Les dépôts des fables ont élevé considérablement le terrein depuis plusieurs siecles, & empêchent l'écoulement des eaux qui, en séjournant trop long-tems au même endroit, y affaissent la terre & forment des cavités.

Quelles font les eaux qui féjournent? Pourquoi féjournent-elles, fi les cavités ne font déjà toutes formées?

La nature des eaux eft à confidérer d'abord, car fi l'on fuppofe que ce font celles du rhône débordé, il eft impoffible qu'elles ne laiffent des dépôts au lieu de leur féjour. Si ce font celles de la pluye, il ne pleut ni affez fréquemment, ni affez abondamment dans notre climat, pour que ce qui ne peut s'imbiber dans la terre forme des cavités de plufieurs millions de toifes quarrées, telles que nos marais.

Je ne fais fi M. Papon a eu fur ce fujet des *idées bien nettes*; mais fes expreſſions ſont bien louches. A prendre ces dernieres au pied de la lettre, il fait ſéjourner les eaux en des lieux où il n'y avoit point de cavités avant ce ſéjour; il veut que les dépôts ſucceſſifs des ſables ſe ſoient formés exactement autour des marais & jamais dans les marais.

Tout celà eſt également démenti par les faits; & loin que dans le Pays on s'aviſe d'attribuer l'origine des marais aux débordemens du rhône, on eſt généralement perſuadé que s'il eût été poſſible de retarder l'époque de la conſtruction des levées qui préſervent notre territoire d'innondation, ils n'exiſteroit de nos jours nulle trace de marécage.

Ce dernier cas eſt préciſément celui de l'hypothèſe de M. Papon. Cet Auteur conſidere nos marais, non dans l'état où ils ſont maintenant, mais à l'époque de leur formation &

antérieurement à l'invention des levées.

Il conclud d'abord à la page 291 de son premier tome, ci-devant citée, que ces marais n'exiſtoient point du tems des Romains, & que l'emplacement qu'ils occupent étoit alors labourable, de ce qu'il ne lui paroît pas vraiſemblable que ice Peuple eût fait de notre Ville la Capitale des Gaules & la demeure des principaux Officiers, *ſi les exhalaiſons infectes des marais y euſſent entretenu pendant trois mois de l'année ces maladies qui dévorent les habitans.*

Qui ne croiroit à cent lieuës & dans cent ans d'ici, ſur la parole d'un homme qui réſide en Provence & d'un contemporain, que les maladies les plus cruelles nous font annuellement la guerre? Heureuſement la nature nous traite moins impitoyablement que M. Papon.

Il y a plus, la conséquence que cet Auteur a tirée d'une assertion fausse n'est pas juste elle-même. En supposant que le climat de notre Ville fut aussi mal sain qu'il l'assure, seroit-ce une raison pour qu'un Peuple, accoutumé à un air plus pernicieux encore, eût renoncé aux avantages que lui offroit la position d'Arles? On sait combien les épidémies étoient fréquentes à Rome; mais ce motif fut-il jamais assez puissant pour faire abandonner la Ville? Cette reflexion sur le passé suffit peut-être pour tenir les gens instruits en garde contre ce que M. Papon dit du présent.

Cet Historien conjecture en la page 299 du tome 2. de son Histoire de Provence que *la Camargue étoit devenue un marais depuis que les Sarrasins & autres Pirates firent des courses dans cette isle & en exterminerent les Habitans.* Il auroit dû, ce semble, dévéloper sa pensée, & nous expliquer ce que ce massacre peut avoir ajouté à l'action du rhône.

En effet si le terrein de cette Isle étoit parfaitement de niveau autrefois, les eaux du fleuve, s'étendant également, lors des innondations, sur cette surface unie, auroient dû déposer leur sédiment par couches à peu-près égales. Dans le cas contraire, il faudroit appliquer ici les faits marqués au début de ces observations. Que s'il falloit en juger par ce qui se passe de nos jours dans la formation des Islots de la riviere, les eaux des deux branches du rhône se répandant en même tems sur la plaine, ç'eût été vers le milieu de l'Isle que se seroient formés les dépôts les plus considérables, comme dans l'endroit le moins exposé à l'activité des deux courans opposés, ou plutôt la force du courant du petit rhône ne pouvant contrebalancer exactement celle du grand, par une raison sensible, la plus grande élévation du terrein eût été plus voisine du rivage de celui-là. Or nous voyons précisément le contraire.

Ceci nous conduit à la plus plausible de toutes les hypothèses sur l'origine de nos marais; c'est-à-dire, à celle qui l'attribue à l'action combinée du rhône & de la mer.

Supposons qu'en des tems très-reculés, la riviere ait formé des alluvions auprès de son embouchure, qu'elle les ait ensuite prolongés peu-à-peu, selon la direction de ses différens canaux, comme il arrive de nos jours. La principale action du fleuve se portant en avant & non sur les côtés, la mer aura en quelque sorte disputé avec plus de succès son ancien domaine à une certaine distance à droite & à gauche. Elle se sera maintenue au milieu des terres fous la forme de divers étangs plus nombreux & plus confidérables à mefure que les deux branches du rhône tendent d'avantage à s'écarter l'une de l'autre. Le Vaccarés & fes différentes branches en Camargue, le Galéjon & autres étangs adjacens dans le Plan-du-Bourg juftifient cette conjecture.

La communication entre la mer & les étangs les plus avancés dans les terres, devenant tous les jours plus difficile par les progrès continuels des alluvions, aura été enfin totalement interrompue par des embarras plus aifés à imaginer qu'à affigner, mais dont l'éloignement de la mer aura été la principale caufe. L'évaporation, la faculté que chaque Propriétaire avoit autrefois d'enlever & de vendre le fel qui fe formoit naturellement dans fes terres, bien d'autres raifons encore auront diminué le volume des eaux de ces étangs isolés. Les eaux pluviales, celles de la riviere lors des innondations les auront dessalés. Ces dernieres même, au moyen du limon qu'elles charrient, auront empiété sur leur circonférence. Elles en auront relevé le sol propre. Enfin ces lagunes auront subi successivement toutes les altérations capables de les reduire dans l'état de marais où elles sont aujourd'hui; état dans lequel elles ne conservent de traces de leur origine que par le plus ou le moins de profondeur, & par l'espece de chaine qu'elles semblent former avec les étangs existans; ce que l'on peut reconnoitre dans la grande carte de France de MM. de l'Académie des Sciences de Paris, N.os 92 & 123.

On verra sur cette même carte que dans la Camargue, à la séparation des branches du Rhône jusqu'à une certaine distance, où l'action des deux courans étoit, pour ainsi dire, simultanée, il n'y a point de marais. Ceux-ci se multiplient à mesure que les deux rhônes s'éloignent d'avantage. Enfin on peut y remarquer que les marais, les étangs encore subsistans sont, dans presque toute l'étendue de l'Isle, plus voisins du petit rhône que du grand, & cela, sans doute, parce que ce dernier a eu plus de force pour comprimer les eaux de la mer & qu'il se forme beaucoup plus d'alluvions à son embouchure & sur ses rivages.

La qualité du terrein dans l'intérieur de cette Isle atteste le long séjour que la mer y a fait. Dans les tems secs, la surface de la terre s'y couvre d'une espece de sel marin dont la blancheur éblouit les yeux, & qui détruit le germe des herbes, empêche la végétation des arbres & n'admet que quelques plantes ligneuses qui croissent parci parlà en petites touffes.

touffes. La couche des dépôts du rhône, moderne encore & peu épaisse, n'a pas été capable d'amender un terrein impregné de sel par les eaux de la mer, qui l'ont innondé durant tant de siecles.

Ces faits n'ont pas été entiérement ignorés de M. Papon; & il paroît que cet Auteur lui-même a reconnu, du moins en partie, le vice de ses premieres idées sur la formation de nos marécages, puisqu'il a tâché de leur donner un peu plus de netteté dans son Voyage Littéraire pag. 112. Mais le fond étant toujours à peu près semblable, les mêmes raisons servent à le refuter, & les *ruisseaux*, que M. Papon, en son nouvel ouvrage, place dans notre territoire, prouvent trop clairement que cet Écrivain ne connoît point du tout le local, pour que j'insiste sur des discutions dans lesquelles je me suis proposé de mettre

F

au grand jour ma bonnefoi dans la critique, plutôt que les erreurs de l'Hiſtoriographe de Provence.

OBSERVATIONS

Sur un Passage de l'Histoire d'Ammien Marcellin touchant l'ancienne distance de la Ville d'Arles à la Mer.

LA réputation de cet Historien, la connoissance qu'il avoit de la Gaule, l'exactitude avec laquelle il suit le rhône dans tout son cours, donnent, ce semble, un grand poids à ces paroles qui terminent sa description, *Spumeus* [Rhodanus] *Gallico mari concorporatur per patulum sinum, quem vocant* ad Gradus, *ab Arelate octavo decimo fermè lapide disparatum.*

Cependant l'itinéraire maritime d'Antonin porte à trente milles la

---

(*a*) Ammian. Marcell. Rer. gest. lib. xv. cap. 11.

distance d'Arles à la mer, par la route de la riviere.

En fixant, selon l'estimation la plus reçue, la lieuë moderne de Provence a quatre milles romains, [a] le calcul d'Ammien Marcellin nous donne quatre lieuës & demie, & nous en trouvons sept & demie d'après celui de l'itinéraire.

Fallut-il s'en tenir à la méthode ordinaire des critiques pour aprétier ces deux assertions, il n'y a nul doute que la premiere, fruit des observations d'un Officier distingué par ses connoissances & ses talens, ne dût l'emporter sur une maniere de *Rou-*

(a) Il résulte des mesures prises & combinées par des Savans du premier ordre, que le mille romain étoit composé pour l'ordinaire de sept cens cinquante-six toises; & d'après l'évaluation la plus reguliere de la lieuë de Provence a trois mille toises, on ne trouve qu'un excédent de vingt-quatre toises dans les quatre milles réunis.

tier dont l'Auteur & la date font encore bien équivoques, quelque poids qu'on ait voulu lui donner en l'attribuant à un Empereur dont la mémoire eft à bon droit révérée.

La forme même de l'itinéraire, loin d'inviter à une confiance implicite, femble avertir de fe méfier des fautes que des copiftes inattentifs peuvent avoir commifes dans la longue fuite des chiffres qui le compofent. Les altérations fans nombre qu'on a déjà découvertes & vérifiées dans cet ouvrage, tiendront toujours en garde ceux qui le confultent contre des erreurs de même nature ; & la moindre diffemblance avec des Écrivains à peu près contemporains, rendra fon autorité comme nulle.

Il ne s'agit ici que de recueillir des faits avérés & fondés fur l'expérience phyfique, plus forte mille fois que tous les témoignages des anciens. On ne compte maintenant que huit lieuës, ou environ, d'Arles à la mer; & soit que l'itinéraire d'Antonin date, comme on le croit vulgairement, du deuxiéme siecle, soit qu'il faille le raprocher du quatriéme, tems auquel Ammien Marcellin écrivoit, [a] les changemens occasionnés par la vase que le rhône entraîne & dépose continuellement à son embouchure, les progrès que la terre y fait dans le lit de la mer ne nous permettent pas de croire que dans l'espace de seize ou quatorze cens ans le canal de la rivie-

---

(a) Je n'ai pas cru devoir m'arrêter à rechercher le véritable âge de l'itinéraire. D'après les noms de *Maximianopolis*, de *Constantinopolis*, & autres pareils qu'on y trouve, on peut toute fois conclurre avec fondement qu'il est postérieur au regne des Princes en l'honneur de qui ces noms furent adoptés. Ainsi donc la date de ce routier ne s'éloigne gueres du tems où vivoit Ammien Marcellin.

re ne fe foit prolongé que d'une demi lieuë.

Certaines circonftances ont accéléré fans doute la formation de ces attériffemens. La faveur accordée aux défrichemens fous le regne de Louis XIV. ayant invité les habitans de la haute Provence, du Dauphiné & des Cevenes à cultiver les pâturages fitués fur le penchant de leurs montagnes, les terres de ces lieux inclinés, devenues plus mouvantes, cédérent auffi plus facilement à la rapidité des pluyes. Une portion très-confidérable s'en eft, pour ainfi dire, fondue dans le rhône par le canal des torrens qui aboutiffent à la durance, à l'ifere & au gardon.

D'un autre côté, les jettées de pierre, dont ufe plus communément depuis environ un fiecle pour la défenfe des levées du territoire d'Arles, refferrant plus étroitement les eaux dans leur lit, ont précipité les principaux crémens vers l'embouchure du fleuve.

C'est sans doute à ces deux raisons combinées qu'il faut attribuer le prompt reculement de la mer en cette partie depuis quatre-vingt ans au plus. Mais quoiqu'auparavant la progression fut plus lente, elle ne s'opéroit pas moins, puisque la cause en existoit toujours, & qu'il est reconnu en physique que les mêmes causes produisent constamment les mêmes effets.

On ne mettra point en doute, j'espere, que la chûte des torrens, les ravages des eaux débordées n'ayent entraîné, dès l'origine du monde, plus ou moins de limon. Delà la formation des islots & des alluvions de toute espece est aussi ancienne que celle des rivieres où ils naissent. Le local des cremens a pu & a dû varier; mais une portion de la vase du rhône parvenant à l'embouchure du fleuve, le refoulement des eaux de la mer a dû l'y fixer. Les terres voisines ont pris par ce moyen un accroissement plus ou moins sensible.

Strabon & Plutarque nous apprennent que ce qui obligea Marius à détourner le cours du rhône & à construire ces fameuses fosses auxquelles il donna son nom, ce fut l'engorgement causé à l'entrée du fleuve par les bancs de sable qui s'y formoient & qui rendoient la navigation difficile. [a] Le dernier de ces deux Auteurs explique même très-judicieusement la maniere dont ces embarras se fixoient en cet endroit par l'action des eaux de la mer.

Il n'est donc pas douteux que celle-ci ne se soit petit à petit éloignée de

---

(a) Voy. Strab. lib. 4. & Plut. Vie de Marius, chap. 5.

la Ville par une cause toujours agissante, observée depuis long-temps, & démontrée d'ailleurs par une expérience journaliere. Aussi voyons-nous que vers la fin du quatriéme siecle, Festus Avienus, dans son Poëme géographique intitulé *Ora Maritima*, place, pour ainsi dire, Arles à l'embouchure du fleuve, lorsqu'après avoir décrit celle-ci en ce vers,

Patulasque Arenas quinque sulcat ostiis,

Il ajoute incontinent,

Arelatus illic Civitas attollitur. (*a*)

le titre du Poëme donne encore plus de poids à cette observation.

Selon l'Édit par lequel l'Empereur Honorius ordonna que l'assemblée générale des sept Provinces des Gaules se tiendroit annuellement à Arles, on diroit qu'en l'année 418. temps

---

(*a*) Ora Maritima, vers. 680 & 681.

auquel cette Ordonnance fut rendue, le rhône & la mer *réunissoient leurs eaux sous les murs de cette Ville* [a] Le savant Abbé Dubos n'a pas balancé à traduire de cette sorte les mots *Decursus rhodani & tyrreni recursus*, employés dans le style plus ampoulé que majestueux de cet Édit.

Je sais que les expressions des Poëtes & des Rhetems ne doivent pas toujours être prises au pied de la lettre. Mais il n'est pas douteux que ces différens passages ne se rapprochent beaucoup mieux du rapport d'Ammien Marcellin que de celui de l'itinéraire.

Le commerce qui se faisoit à Arles dans le quatriéme & le cinquiéme siecles & qui attiroit en cette Ville

---

(*a*) Voy. cet Édit dans les notes de Sirmond sur Sidoine Apollinaire & le *Pont. Arelat.* de Saxi pag. 33. & seq.

des Marchands de toutes les nations voisines de la méditerranée depuis la Syrie jusqu'au détroit de Gibraltar, ce commerce immense, pour le tems, suppose une communication d'Arles à la mer & plus prochaine & plus facile qu'aujourd'hui. On peut consulter là-dessus l'Édit d'Honorius que je viens de citer, les Poësies d'Ausone & la Géographie de l'Anonyme grec traduit & publié par Jacques Godefroi.

Ce Géographe, qui écrivoit sous le regne des Empereurs Constant & Constance, dit en propres termes que la Ville d'Arles *étoit située sur la mer*. [a] Certainement ces paroles ne sont

---

(a) Voy. *Vetus orbis descrip. Jacob. Gothof.* edit. cap. 49.

On pourroit tirer à peu près les mêmes conséquences des deux anciennes Cosmographies, dont on trouve l'extrait dans le Recueil des Écrivains de France de D. Bouquet tom. 1. pag. 101. & 102.

point exactes; mais celles d'Ammien Marcellin contemporain de l'Auteur servent à les modifier.

Aux témoignages des Ecrivains qui nous manquent pour les siecles subséquens, nous pouvons suppléer par les titres domestiques de la Communauté d'Arles.

Dans mes Mémoires sur notre ancienne République, j'ai dit qu'au treiziéme siecle l'embouchure du rhône étoit d'environ deux lieuës plus voisine de la Ville qu'elle n'est aujourd'hui, & j'ai cité mes garans. [a]

Loin que mon estimation soit exagérée, on voit dans les registres du Conseil de Ville que vers le milieu du quinziéme siecle la Tour servant de phare & de défense à l'entrée de la riviere étoit sur le terrein de *Malusclat* en Camargue, lequel considéré

(a) Append. de cet Mém. pag. 330.

sous ses dimensions les plus vastes, lorsqu'il embrassoit tous les domaines qui furent ensuite appellés de *Femme-morte*, ne pouvoit gueres s'étendre à plus de six lieuës d'Arles. La mer s'en étant considérablement éloignée, il fut délibéré le 20 Août 1469 de démolir ce dongeon, devenu inutile. Deux ou trois ans après, on construisit sur le gras, de l'autre côté du fleuve, une forterésse qu'on appella la *Tour du Boulevard*.

Les révolutions causées par le cours des eaux, les changemens dans le lit de la riviere, & sur-tout la prolongation de son canal firent abandonner la Tour du Boulevard au commencement du dix-septiéme siecle & l'on bâtit celle du *Tampan* vers l'an 1607.

Quelque temps après les mêmes raisons obligerent d'élever la Tour *St. Genez*. Finalement le rhône s'étant ouvert en 1711. à travers les terreins qu'il avoit lui-même formés, un passage plus direct à la mer, qui devint bientôt le seul naviguable, il fallut en 1737 établir une nouvelle Tour. C'est celle de *Saint Louis*, qui existe actuellement & qui ne tardera gueres à avoir le sort des précédentes, puisqu'ayant été bâtie sur le rivage de la mer, elle est déjà enfoncée de près d'une lieuë dans les terres. [a]

Voilà donc, dans l'espace de trois cens ans, cinq monumens remarquables de la prolongation du canal du rhône, & du reculement graduel de la mer; car il faut observer qu'il n'est aucune de ces tours qui ne soit à une distance assez considérable au-dessous de celle à laquelle on l'a substituée.

(*a*) Comparés à ce sujet les Numeros 91 & 123 de la grande Carte de France en cent soixante-quinze feuilles de MM. de l'Académie des Sciences, ouvrage qui tout imparfait qu'il est par rapport à notre Pays donne du moins quelque idée du local.

Or, fi malgré des révolutions fi bien conftatées & qui ont été indubitablement précédées de beaucoup d'autres, il n'y a aujourd'hui que huit lieuës d'Arles aux bouches du rhône, comment le calcul de l'itinéraire feroit-il exact pour le temps auquel il a été fait ?

La chofe, j'en conviens, eft fujétte à mille changemens; mais ce n'eft que par l'avancement des terres dans la mer. L'inverfe eft inoui; & d'après cette confidération, fondée fur une théorie palpable & fur une expérience qui ne s'eft jamais démentie, il n'y a pas à balancer entre le rapport d'Ammien Marcellin & celui de l'itinéraire.

Entreprit-on même de juftifier ce dernier, parce qu'il s'y agit vraifemblablement du chemin par eau, & que l'autre peut n'avoir confidéré que la route de terre; il faudroit fuppofer

que

que dans le court intervale de quatre lieuës & demie, la distance fut à peu près doublée par les sinuosités du fleuve : & sans compter que deux suppositions font à peine une présomption légere, la seconde seroit prodigieusement forcée.

Ainsi donc, s'il m'est permis de hazarder mon avis, dans le passage de l'itinéraire qu'on a lu jusqu'à présent de cette sorte, *a Gradu per fluvium rhodanum, Arelatum*, *M. P. XXX.* Je pense qu'il faut retrancher un chiffre ; ou si l'on veut en conserver trois, il me semble plus juste de lire *M. P. XIX.* au moyen de quoi tout est assez exactement concilié.

Ces paroles de l'itinéraire, *a fossis marianis ad gradus Massilinatorum* (ou *Massilitanorum*) *M. P. XVI.* qui précédent immédiatement celles que je viens de rapporter, favorisent ma correction. Car en supposant que

G

le débouchement des fosses de Marius dans la mer fut à l'endroit où est maintenant le Village de Fos, les seize milles Romains nous portent à peu près à la situation actuelle de la Parroisse champêtre du Sambuc en Camargue, distante de la Ville de quatre grandes lieuës.

Il y a en effet deux manieres d'expliquer ce dernier passage. L'une, d'imaginer que la côte courut en droite ligne depuis Fos jusqu'au Gras; ce qui ne pourroit s'accorder avec l'état présent des choses. L'autre, qui paroît plus relative aux observations ci-dessus, de se représenter entre les fosses de Marius & la position de la Ville de Notre-Dame-de-la-Mer (ou *les Saintes Maries*) une espèce de golphe, au fond duquel étoit la principale bouche du rhône & dont l'étang de Vaccarés & autres contigus sont encore un vestige.

La juste appréciation de toutes ces choses appartient peut-être d'avantage à l'Histoire naturelle qu'à l'Histoire civile. Mais on ne disputera jamais à celle-ci le droit de fournir à l'autre les faits qui peuvent en assurer la marche & en faciliter les progrès. En un mot, de quelque maniere qu'on l'envisage, il n'est pas bien étonnant que dans quatorze siecles il se soit fait dans le canal de la riviere une prolongation, dont quarante-quatre ans, écoulés de nos jours, fournissent presque le quart.

M. d'Anville dans sa Notice de la Gaule (*verbo* sinus ad gradus) a regardé la conformité entre la distance actuelle d'Arles à la mer & celle qui est marquée dans l'itinéraire maritime, comm'une preuve décisive en faveur de ce dernier. Il voudroit reformer le récit d'Ammien Marcellin. Mais *la combinaison des distances*, dit M. d'Anville lui-même, *leur application au local; la maniere d'entendre & d'expliquer les itinéraires dans le détail, demandent quelques notions particulieres, qui ont été souvent négligées par des savans d'un ordre très-distingué.* (a)

(a) Notice de la Gaule, *verbo Lutetia.*

F I N.

www.ingramcontent.com/pod-product-compliance
Lightning Source LLC
Chambersburg PA
CBHW060201100426
42744CB00007B/1118